Comment goûter un vin

Philippe Faure-Brac

Meilleur Sommelier du Monde

Avec la collaboration de Anne Vantal . Photographies de Jean-Charles Vaillant

EpA

SOMMAIRE

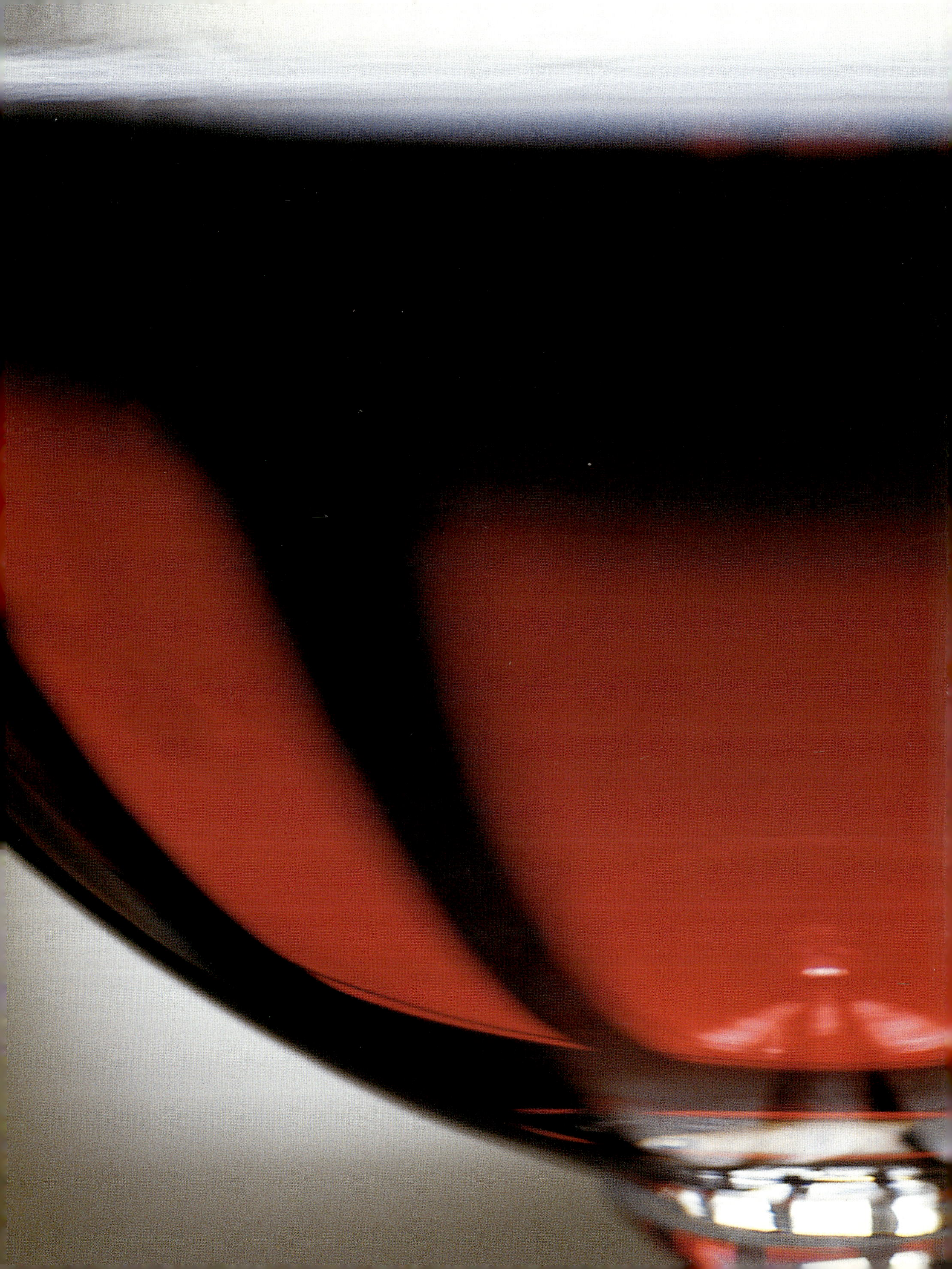

DE L'ÉMOTION AVANT TOUTE CHOSE

Apprendre à déguster un vin, c'est s'inscrire à l'école des émotions et des plaisirs. La dégustation réveille tous nos sens : le goût et l'odorat, bien sûr, mais aussi la vue, le toucher et l'ouïe, puisque nous percevons d'abord le son du vin versé dans le verre. Au-delà de la sollicitation de tous nos sens, la dégustation fait appel à notre capacité à réfléchir ou à explorer nos références personnelles ; elle s'inscrit dans l'univers culturel de chacun mais éveille notre curiosité envers d'autres cultures ; elle réclame de nous un travail d'introspection et nous enseigne à mieux nous connaître nous-mêmes. La dégustation, en un mot, est un art de vivre.

Bien sûr, cet art a ses exigences et ses lois. Cependant, une dégustation réussie ne se contente pas uniquement de la technique : il faut aller au-delà de cette première approche, la maîtriser pleinement pour profiter du plaisir du vin. Les circonstances, ici, jouent leur rôle : on ne déguste bien que si l'on est en forme. Les contextes, eux, peuvent varier. S'agit-il d'un repas de famille, d'une soirée entre amis, d'un vin dont on découvre le nouveau millésime, d'une dégustation officielle de vins primeurs ? Moi qui suis amené, par ma profession, à goûter parfois des centaines de vins dans un laps de temps très court, j'expérimente régulièrement cette différence. En dehors de cela, le monde de technique, de logique, de réflexion qui régit la conduite de la dégustation doit rester au service des émotions et du plaisir.

Le temps, ensuite, s'écoule au rythme de chaque dégustateur. Chacun d'entre nous possède son propre univers de saveurs, d'odeurs, d'habitudes qui déterminent ses goûts personnels. La première phase, sur l'itinéraire de la dégustation, consiste à repérer les constantes de ce goût qui vont définir le cheminement personnel du dégustateur. Chacun doit avancer à sa propre cadence. Le palais connaît des seuils de perception très divers d'un individu à l'autre, mais nous avons tous la chance de posséder des papilles capables de se renouveler en permanence. Rien ne presse, donc, puisque nous gardons notre capacité à goûter tout au long de notre vie.

Une invitation au voyage

En écrivant ce livre, j'ai souhaité avant tout inviter le lecteur à voyager, à mes côtés, dans l'univers du vin. L'amateur peut ainsi, au fil de ces cinquante « leçons », faire un tour d'horizon des différents types de vins actuellement produits de par le monde. La logique des leçons prend appui sur les cépages, les terroirs, la couleur et le type des vins évoqués. En établissant le sujet de mes leçons, j'ai pris soin de représenter toutes les grandes familles de cépages ; en évoquant tour à tour des vins jeunes et vieux, j'ai souhaité faire prendre conscience des diverses méthodes de vinification et de l'importance du terroir.

Le livre, qui se décline en cinquante exercices, sur lesquels on peut facilement revenir en les complétant ou en les croisant, définit trois niveaux de difficulté. Plusieurs sortes de progression sont donc possibles : soit on s'intéresse à un certain type de vin – les vins blancs secs, par exemple – et l'on suit pas à pas les différentes leçons, en changeant de niveau de difficulté à mesure de la progression ; soit on préfère découvrir tous les types de vin avec les leçons les plus faciles, celles de niveau 1, avant de poursuivre l'apprentissage avec des exercices de niveau 2, puis de niveau 3. À moins, bien sûr, qu'on ne souhaite déguster un vin de sa propre cave référencé dans le livre : la dégustation telle que je la décris dans les pages consacrées à ce vin permettra de tirer de ce moment de plaisir une émotion intense.

Pour aider l'amateur dans sa dégustation, j'ai souhaité donner quelques repères avant chaque exercice, informations sur le ou les cépages, l'appellation, le terroir, la méthode d'élaboration ou même le prix du vin dégusté que j'ai symbolisé par des €, allant du plus abordable, € ou €€, au plus exceptionnel, €€€€€€.

Ce livre peut donc être compris comme un outil ou comme un ouvrage pédagogique doté d'une logique de parcours qui doit conduire, palier par palier, vers sa propre découverte gustative. Mon ambition n'est autre que de mettre au service des amateurs un savoir-faire que j'ai acquis en de nombreuses années de dégustation personnelle. Bien

sûr, il sera difficile de devenir Meilleur Sommelier du Monde en se contentant de lire cet ouvrage. Mais mon expérience et mes conseils aideront peut-être les esprits curieux à suivre à leur rythme un itinéraire qui reste personnel.
Toute dégustation procède par comparaison et par analogie. Pour goûter, pour déguster, il faut faire appel à ses connaissances personnelles : qui n'a jamais mis le nez dans une touffe de menthe serait bien en peine de reconnaître un arôme mentholé. Tout amateur de vin doit d'abord se montrer attentif à la nature qui l'entoure. Son propre goût reste par définition une notion subjective : il faut apprendre à respecter celui d'autrui ! Rien de pire, à mes yeux, que la pensée unique en matière de dégustation. Dans la dégustation d'un vin, entrent en jeu les références de chacun, ses habitudes culturelles et une bonne dose d'introspection. Le vin constitue un passeport pour un voyage intérieur souvent plein d'imprévus. Si la culture et l'apprentissage varient à l'infini d'un bout à l'autre de la planète, il faut donc savoir faire confiance à son propre goût.

Le vin, étape par étape

Qui veut s'aventurer dans le monde du vin doit préparer son itinéraire. Apprendre à déguster demande un peu d'organisation préalable, et un apprentissage rigoureux de quelques règles de base. S'il s'agit de goûter un ou plusieurs vins en dehors du contexte d'un repas, je conseille de s'installer dans un lieu tranquille, si possible exempt de parfums, ni trop chaud, ni trop frais. L'ambiance du lieu joue un rôle sans doute plus important qu'on ne le pense. Les ambiances colorées peuvent en partie influencer notre perception du goût ; un vin dégusté dans une ambiance fortement teintée de jaune paraît plus rond et onctueux que le même, goûté dans une lumière bleue ou verte, qui accentue notre impression de fraîcheur et de vivacité.
La température de la bouteille à déguster devra être vérifiée avec soin. Je précise que la température indiquée dans tous les exercices de cet ouvrage est celle de la dégustation, et non celle du service. En effet, n'oublions pas que le vin se réchauffe dans le verre de deux degrés très rapidement : il faut en tenir compte et s'assurer que le vin, dans la bouteille ou la carafe, est à la température de service.

L'ouverture de la bouteille fait appel à quelques principes fondamentaux : il ne faut pas secouer le vin ; il faut découper la capsule à l'aide d'une lame, juste en dessous de la bague du goulot pour éviter tout risque de souillure ; essuyer le goulot et son bouchon à l'aide d'un linge propre ; retirer le bouchon délicatement afin de profiter pleinement de la dégustation.
Les verres – munis de pied et dotés d'un volume entre 30 et 40 cl – devront être parfaitement propres et inodores. La taille du verre, le niveau d'oxygénation, le diamètre du buvant modifient considérablement notre perception du goût du vin. Il faudra de toute façon, avant de remplir les verres, les « aviner », c'est-à-dire verser une petite quantité de vin qu'on fait glisser en un mouvement circulaire le long des parois ; le liquide, qui sert à débarrasser le verre de toute odeur parasite, doit être jeté avant de procéder à la dégustation elle-même qui sera menée à son terme en trois étapes successives faisant appel tour à tour à l'œil, au nez et à la bouche.

L'œil

Remplissez le verre au tiers de sa hauteur, et soulevez-le par le pied. Jamais par le corps, afin de ne pas réchauffer le vin et pour pouvoir procéder à la première étape de la dégustation, qui fait appel à notre « œil ». Portez le verre à hauteur de vos yeux, inclinez-le doucement pour observer la lumière à travers le vin au-dessus d'une surface claire, une nappe blanche par exemple.
Orientez le verre à 45° et notez d'abord les nuances de la couleur. Dire d'un vin qu'il est blanc, rosé ou rouge ne suffit évidemment pas, et le langage du vin suppose l'emploi de qualificatifs adaptés et précis.
On dira d'un vin blanc qu'il est jaune pâle, jaune vert, jaune citron, jaune paille, jaune d'or, jonquille, or vert, or rouge, vieil or, doré, roux, châtaigne, fauve, cuivré, ambré, vermeil, bois ciré.
On qualifiera un vin rosé de rose pâle, rose franc, rose framboise, rose carminé, rose orangé, gris, pelure d'oignon, œil de perdrix, saumon, orangé, rose cerise, clairet.
Un vin rouge, quant à lui, peut être décrit comme rouge vif, rouge franc, rouge cerise, rouge groseille, rouge framboise, rouge pivoine, rouge sang, rouge brique, lie de vin,

carmin, rubis, grenat, pourpre, violet, violine, violacé, rouge sombre, tuilé, ocre, brun.
Revenez à l'observation de votre verre. Le vin est-il transparent, brillant, scintillant ? Y distingue-t-on les traces d'un trouble ou d'un dépôt ? La couleur est-elle pâle ou intense ? Avec des mots justes, essayez de décrire la « robe » de votre vin.
Pour évoquer la brillance, on qualifiera la robe de lumineuse, fraîche, éclatante, scintillante, franche, nette, vive, ou, pour évoquer un défaut, de terne, défraîchie, éteinte, passée, douteuse, monochrome, usée, oxydée.
En ce qui concerne la limpidité, la robe sera claire, lumineuse, limpide, transparente, cristalline, ou au contraire opaque, plombée, sale, trouble, voilée, poussiéreuse, chargée, floue.
On parlera de l'intensité, en qualifiant la couleur de légère, pâle, dense, soutenue, foncée, profonde, chatoyante, veloutée, suffisante, forte, accusée, épaisse, ou bien excessive, insuffisante, pauvre, faible.
Faites enfin tourner lentement le liquide dans le verre, puis cessez votre mouvement ; le vin glisse le long du verre en « larmes » plus ou moins abondantes et régulières. Ces larmes sont-elles nombreuses ? Le vin est sans doute riche en alcool. Paraissent-elles colorées ? Ce détail a son importance, en particulier lorsque l'on déguste « à l'aveugle » (sans savoir de quel vin il s'agit), en essayant d'abord d'identifier le cépage.
Juger un vin par l'« œil » n'a rien de gratuit : cet examen minutieux informe au contraire sur la bonne santé du vin, son état de conservation, son âge, et donne quelques indications préliminaires sur sa saveur future. Mais attention : il ne faut pas se laisser abuser par les apparences, qui peuvent être trompeuses. Le plus souvent, pourtant, cette première observation autorise à émettre un certain nombre d'hypothèses, à condition de prendre le temps de noter tous les indices. La solution ne viendra que si l'on peut vérifier ces hypothèses lors des étapes suivantes de la dégustation.
Lorsqu'on observe un vin blanc, on peut dire qu'une robe jaune pâle, presque incolore signifie que le vin est très jeune ; une robe jaune avec des reflets verts signifie que le vin est jeune, encore peu évolué ; si la robe est jaune paille, le vin est à bonne maturité, cela peut également révéler un élevage en fût de bois ; une robe jaune d'or cuivré est le propre d'un vin sec très évolué ou d'un vin liquoreux à

bonne maturité ; enfin, une robe jaune brun dénote un vin oxydé qui vieillarde.
Pour les vins rosés, une robe rose pâle, incolore ou avec de légers reflets de couleur est le signe d'un vin gris ou d'un vin obtenu par pressurage ; si le vin est rosé saumoné à jus de cerise clair, il est jeune et fruité, prêt à boire ; s'il est rosé orangé, on peut dire qu'on a affaire à un vin vieillissant.
En ce qui concerne les vins rouges, un vin rouge vif légèrement violacé est un vin très jeune ; s'il est rouge cerise, c'est un vin en évolution qui n'a pas encore atteint sa maturité mais peut déjà être bu ; s'il est rouge avec des nuances orangées, il s'agit d'un vin à boire ou d'un vin de longue garde qui commence à évoluer ; enfin, s'il est rouge brun à brique, c'est un vin évolué à boire.

Le nez

Plongez votre nez dans le verre et inspirez. Si la première impression olfactive est souvent apportée par l'alcool, des parfums nuancés prennent vite le relais. Ces arômes, libérés par le vin, vont généralement se succéder en plusieurs vagues. Essayez de distinguer la tonalité aromatique du « premier nez », la première sensation. Le parfum vous semble-t-il évocateur de senteurs fruitées ou florales, végétales ou épicées, animales ou grillées ? Faites ensuite tourner délicatement le vin dans le verre, sans le secouer exagérément, et recommencez : c'est le « deuxième nez » ; la palette aromatique s'étend et ne va cesser d'évoluer pendant plusieurs minutes. Un quart d'heure encore, et vous accédez à l'expression du « troisième nez ».
Tous les arômes perçus au nez ne présentent pas la même intensité ni bien sûr la même facilité à être reconnus. Pour essayer de mettre un peu d'ordre dans les méandres d'une dégustation, il est d'usage de distinguer les arômes primaires, secondaires et tertiaires. Les arômes primaires, souvent fruités et floraux, s'expriment bien dans un vin jeune et permettent souvent de reconnaître les caractéristiques de chaque cépage : par exemple, le cabernet-sauvignon sent le cassis. Les arômes secondaires dépendent beaucoup du type de vinification : ils peuvent évoquer la levure, le lait, la bougie. Les arômes tertiaires renseignent sur l'âge du vin, qui exhale en vieillissant des parfums de champignon, de cuir ou d'humus par exemple, et sur le type d'élevage.

Les odeurs du vin peuvent être classées par familles, évoquées chacune par des mots spécifiques.

Fruitées : framboise, groseille, cassis, mûre, fraise, fraise des bois, myrtille, cerise, abricot, pêche, griotte, citron vert, banane, fruits secs, datte, figue, pomme, pamplemousse, mangue, litchi, ananas, noix de coco, amande…

Florales : tilleul, rose, violette, pivoine, chèvrefeuille, aubépine, acacia, seringua, lilas, genêt, sureau, iris…

Végétales : herbe fraîchement coupée, verdure, fougères, humus, sous-bois, champignon, truffe, poivron, ail, asperge, olive, menthe, verveine…

Épicées et assimilées : thym, romarin, laurier, clou de girofle, réglisse, cannelle, muscade, poivre, miel…

Animales : gibier, venaison, musc, fourrure, cuir, bouc…

Fermentaires : bière, cidre, lait, beurre, yaourt, ferment, froment, levure, acide gras…

Empyreumatiques : brûlé, fumé, torréfié, goudron, caramel, café, chocolat…

Chimiques : soufre, iode, vinaigre, camphre, caoutchouc, plastique…

Balsamiques et boisées : résine, pin, cèdre, bois de santal, vanille, térébenthine, encens…

Minérales : silex, craie, calcaire, schiste, argile…

La bouche

Il est temps, maintenant, de porter le verre à vos lèvres. Prenez une petite gorgée de vin et ne l'avalez pas tout de suite. Accordez-vous le temps de le « mâcher » avant de le recracher ou de le boire. Reprenez une gorgée et essayez d'aspirer un peu d'air : le vin se réchauffe au contact de votre palais et s'oxygène grâce à l'air, libérant ainsi sur vos papilles des saveurs que vous allez tenter de reconnaître. Certains goûts persistent dans votre bouche au-delà de la présence effective du vin. Là encore, procédez étape par étape pour tenter de discerner les trois niveaux de dégustation qui se succèdent dans votre bouche.

La première impression, encore appelée « l'entrée », vous donne l'envie de croquer dans votre vin. On dit alors que l'attaque est vive et franche. D'autres fois, le vin se fait attendre : il faudra une étape supplémentaire pour apprendre à le découvrir.
Lorsque vous faites tourner le vin dans votre bouche en aspirant un peu d'air, vous l'oxygénez. Le mouvement qui en résulte vous permet d'évaluer « le corps » du vin, sa puissance en alcool, le volume qu'il occupe dans la bouche, son équilibre en tannins. Lorsque vous rejetez l'air aspiré par le nez, de nouveaux parfums se dévoilent, que vous allez identifier petit à petit.
La dernière étape consiste à évaluer la persistance du vin, sa « longueur », pour laquelle le langage œnologique a défini une échelle notée en caudalies – une caudalie correspond à une seconde. Cette longueur peut être qualifiée de courte, moyenne, longue ou très longue. Les grands vins se caractérisent, entre autres, par leur longueur en bouche.
C'est aussi en finale, c'est-à-dire à la fin de la dégustation, que souvent s'exprime la minéralité du vin ; cette notion, parfois difficile à comprendre, désigne la trace laissée dans le vin par le sol sur lequel a grandi la vigne. Expression du terroir, la minéralité n'est pas toujours aisée à reconnaître pour les débutants ; à ceux-là, je conseille de se livrer à quelques exercices préalables en goûtant par exemple plusieurs eaux à la teneur minérale différente.
Une fois que le vin a été dégusté, vient l'heure de la synthèse. Plusieurs questions se posent alors : Ce vin est-il bon ? Est ce que je l'aime ? Qand faut-il le boire ? Dans quelles circonstances ? Avec quel type de nourriture ? Et avec qui ai-je envie de le partager ?
Il faut se montrer attentif à ses sensations personnelles, sans pour autant oublier de se montrer curieux. Un vin réputé « simple » ou un vin peu connu peuvent procurer de grands plaisirs. Le meilleur conseil, sans doute, que je puisse donner à l'amateur, est de se garder de devenir un « buveur d'étiquette » : le vin doit être apprécié en tant que tel. J'aime à dire, pour résumer, qu'il faut respecter les différences de goût mais éviter les fautes de goût. C'est tout le plaisir que je souhaite au lecteur.

LES VINS BLANCS SECS

Par définition, un vin blanc est dit sec lorsque tous les sucres contenus dans le jus du raisin ont été transformés en alcool. En réalité, cette définition stricte supporte quelques nuances, puisqu'il arrive que l'on retrouve, à l'analyse du vin, une très petite quantité de sucres résiduels en principe non perceptibles au palais.

Les vins blancs peuvent être élaborés à partir de raisins blancs ou très rarement de raisins rouges à pulpe blanche. Les jus sont alors traités de trois manières différentes : ils sont fermentés puis élevés en cuves ; ou fermentés puis élevés en fûts ; ou bien encore fermentés en cuves puis élevés en fûts. La technique employée aura bien entendu une influence notable sur le goût et le style final du vin.

Certaines méthodes contemporaines permettent aussi d'optimiser les qualités aromatiques de certains cépages ; c'est notamment le cas de la macération pelliculaire, une pratique qui consiste à faire macérer les raisins blancs, peau et pulpe ensemble, après un foulage léger ; cette macération avec les peaux, qui ne dure que quelques heures, a lieu avant le début de la fermentation à une température relativement basse.

Si les méthodes de vinification restent assez proches quel que soit le vignoble, les cépages diffèrent grandement selon la région et le terroir. Pour permettre à chacun de se repérer – et de découvrir, au travers des exercices de dégustation, l'originalité de chaque type de vin –, j'ai classé les vins blancs secs en fonction de critères qui mettent en valeur la dominante de chaque style.

Les exercices ont donc été scindés en trois groupes, selon qu'il s'agit de découvrir des vins blancs secs à caractère aromatique, minéral ou boisé.

CÉPAGE SAUVIGNON AOC TOURAINE

Si j'ai choisi de débuter ces « leçons » avec le sauvignon, c'est parce que ce cépage, très répandu dans le monde, compte parmi les plus faciles à identifier. Très typé, doté d'une forte personnalité, le sauvignon peut être considéré comme l'archétype du cépage aromatique. Son exubérance typique le rend aisément identifiable, même par un amateur débutant. Il faut seulement, pour commencer, choisir un vin accessible, comme le touraine, pour mettre en valeur les qualités variétales du cépage.
Pour l'exercice, je conseille de choisir un touraine jeune d'un an ou deux, dans un millésime classique qui laisse parfaitement s'exprimer les caractéristiques du sauvignon. Je suggère d'éviter les années caniculaires ou trop froides, l'excès ou le manque de soleil entraînant une modification plus ou moins sensible des arômes.
Les débutants trouvent généralement plus simple d'accompagner la séance de dégustation d'un plat. Cette manière de procéder peut d'ailleurs présenter des avantages, puisqu'en faisant varier les mets qui l'accompagnent, on permet au vin de s'exprimer de manière très différente. J'aime beaucoup un plateau de fruits de mer pour mettre en valeur la minéralité d'un sauvignon ; en revanche, les notes florales et fruitées s'exprimeront mieux aux côtés d'un fromage de chèvre.

CÉPAGE VIOGNIER AOC CONDRIEU

J'aime beaucoup l'appellation condrieu, que j'ai découverte au début de ma vie de sommelier, alors que j'étais parti déguster les célèbres côte-rôtie de la vallée du Rhône. À cette époque, la rencontre avec Georges Vernay s'est révélée déterminante : chef de file d'un petit groupe de viticulteurs qui luttaient pour la sauvegarde de l'appellation, il m'a invité à sa table pour me faire connaître le condrieu. J'avoue que j'ai d'emblée été séduit par la personnalité de ces vins qui, dans les années 1960, semblaient prêts à disparaître. Je reste sensible à ces arômes de raisin frais ou de fruits du verger, et aux senteurs de bouquet de violette qui, dans une dégustation, apportent une parfaite « lisibilité » de ce cépage.

Lorsque je fais déguster un condrieu, j'évite autant que possible les vins âgés de trois à cinq ans : ils passent souvent à ce moment-là par une phase où ils « se goûtent mal », paraissant fermés et éteints. En revanche, le vin peut vieillir et être apprécié au-delà de cinq ans. Néanmoins un condrieu sec jeune, d'un ou deux ans, conviendra beaucoup mieux à l'exercice : c'est alors que les arômes typiques du viognier seront le plus facilement identifiés. Comme souvent, ces arômes se révèlent plus ou moins perceptibles selon que la dégustation s'accompagne d'un mets ou d'un autre. Le meilleur exercice de dégustation consiste alors à utiliser une palette assez large de plats pour mettre en valeur telle ou telle caractéristique du condrieu. Voici mes suggestions favorites : l'asperge pour les notes florales, le fromage de chèvre pour le fruit, la tarte à l'abricot pour la fraîcheur du vin ou un filet de saumon pour la générosité de sa texture.

REPÈRES

TEMPÉRATURE DE DÉGUSTATION

10-12 °C

LES BONS ACCORDS

Asperges froides sauce mousseline
Quenelles aux écrevisses
Paupiette de saumon aux fruits de mer, beurre blanc
Brochettes de poisson aux quatre-épices, riz en sauce aigre-douce
Fromage de chèvre : picodon de la Drôme
Tarte à l'abricot

PRIX

€€€ à €€€€

LA SÉLECTION

Domaine Cuilleron
Domaine Vernay
Domaine Gaillard
Domaine Perret
Domaine Villard

LE CÉPAGE VIOGNIER

Le viognier, qu'on trouve parfois écrit vionnier, est un cépage exigeant, qui requiert des conditions climatiques particulières : il lui faut du soleil, sans chaleur excessive. On pourrait dire que ce cépage plutôt méridional craint un ensoleillement trop intense. C'est pour cette raison bien sûr qu'il a trouvé son terroir de prédilection sur les pentes granitiques des contreforts ardéchois de la vallée du Rhône, sur la rive droite du fleuve. Le climat détermine également le style final du vin, puisque le cépage peut être vinifié en sec, en demi-sec ou en moelleux, selon l'ensoleillement dont ont bénéficié les raisins.

Cépage blanc traditionnel du nord de la vallée du Rhône, le viognier n'est employé seul que dans deux appellations : le condrieu et le très rare château-grillet, une appellation qui couvre une superficie de trois hectares, et dont Curnonsky vantait déjà les mérites. Mais il entre dans la composition du côtes-du-rhône blanc, et même dans celle de certains vins rouges : le côte-rôtie, par exemple, un rouge du Rhône élaboré à base de syrah, qui peut contenir jusqu'à 20 % de viognier. Plus récemment, le viognier a fait son apparition en Languedoc, où il entre dans des assemblages de vins blancs. Il peut même être utilisé seul dans le vin de pays d'oc viognier.

À l'étranger, ce cépage reste assez confidentiel et n'a pas connu de développement spectaculaire. On en trouve un peu en Californie, au Chili, en Uruguay et même au Portugal, sur des surfaces très limitées.

Assez peu productif, le viognier ne permet pas d'obtenir de gros rendements, ce qui explique peut-être la désaffection dont il a été victime. Il a même failli disparaître dans l'entre-deux-guerres et n'a retrouvé une nouvelle vie que dans les années 1970 sous l'impulsion, justement, de quelques producteurs de condrieu.

LA DÉGUSTATION •

L'ŒIL

De couleur jaune or pâle, avec quelques reflets verts, le vin est brillant, limpide, scintillant. On remarque un disque assez épais et une viscosité marquée.

LE NEZ

L'intensité aromatique est soutenue dès le départ. Les notes florales sont d'abord perçues, avec un arôme marqué de violette.
Dans un second temps, apparaissent des parfums fruités de raisin frais qui rappellent ceux du cépage muscat, de pêche et d'abricot.
Le côté aérien du vin se montre très présent. L'impression dominante est donnée par la légèreté dans l'exubérance.
Après oxygénation du vin dans le verre, l'intensité des fruits se trouve encore renforcée, tandis qu'apparaissent des notes mellifères.

LA BOUCHE

Le vin, franc en début de bouche, fait preuve dès les premiers instants d'une rondeur caressante. Sa structure est fondée à la fois sur le côté un peu charnu et une certaine fraîcheur, bien que l'acidité ne soit que suggérée. Le condrieu montre un volume de bouche intéressant et des arômes assez complexes où l'on retrouve en finale la pêche et l'abricot, souvent assortis d'une touche réglissée. L'intensité aromatique typique du viognier persiste au palais, tandis que s'exprime dans la texture la caresse presque généreuse de l'alcool.
Longueur : 5-6 caudalies.

CÉPAGE MUSCAT
AOC ALSACE MUSCAT sec

Facile à reconnaître, le cépage muscat fait souvent l'objet d'exercices de dégustation destinés aux débutants. Le muscat est en effet l'un des rares cépages, sinon le seul, qui permette de retrouver dans le vin le goût intact du raisin, car le fruit et le vin ont le même spectre aromatique. Mais attention : il est ici question de vin blanc sec, qu'il ne faut surtout pas confondre avec un vin de même appellation – alsace muscat – vinifié en vendanges tardives.
Je propose pour l'exercice un alsace muscat sec de deux ans d'âge, afin que le fruité du vin ne soit pas perturbé par une évolution aromatique trop marquée.
Pour ceux qui aimeraient aller plus loin dans l'exercice, je ne saurais trop recommander d'organiser une dégustation comparative entre différents types de muscats, par exemple en goûtant successivement des vins vinifiés en sec, en vin doux naturel et en moelleux.

CÉPAGE GEWURZTRAMINER
AOC ALSACE GEWURZTRAMINER sec

Ici encore, et comme c'est généralement le cas lorsqu'il s'agit de goûter des vins monocépages, l'exercice devrait permettre de reconnaître et d'apprécier les qualités variétales du cépage. Le gewurztraminer ne pose d'ailleurs aucun problème particulier, car son intensité aromatique, où s'allient le fruit et les épices, s'exprime le plus souvent avec une certaine exubérance.

Je propose, pour cette leçon, de s'orienter vers un alsace gewurztraminer sec de deux à trois ans. Sur les vins jeunes, la minéralité du terroir s'efface le plus souvent devant l'exubérance aromatique du cépage : c'est ce qui rend l'exercice assez simple. J'attire l'attention des amateurs qui voudraient accompagner leur dégustation d'un repas, sur le fait qu'il faut savoir être prudent avec le cépage gewurztraminer. Il constitue certes un excellent « vin d'école », car il sait faire parler de lui, mais sa forte personnalité risque de nuire à tous les vins qui le suivent au cours d'un repas.

REPÈRES

LE CÉPAGE GEWURZTRAMINER

Le gewurztraminer n'est autre qu'une version aromatique d'un cépage traditionnel du Jura, le savagnin blanc, utilisé dans l'élaboration du fameux vin jaune. La grappe cependant permet de les différencier facilement, car le gewurztraminer donne, à maturité, des grains presque roses plutôt que jaunes ou dorés. Le cépage est parfois appelé « traminer épicé » – traduction française du terme *gewurztraminer* –, « savagnin rose », « fromenteau », « traminer musqué », mais aussi «traminer rosso » en Italie, « haiden » en Suisse.
En France, le gewurztraminer est présent presqu'exclusivement en Alsace.
À l'étranger, on le trouve en Espagne, dans la région du Penedes, aux États-Unis – en Californie, dans l'Oregon et dans l'État de Washington, sur la côte ouest –, en Autriche (Styrie), en Hongrie (région du lac Balaton), en Suisse, dans la Moselle luxembourgeoise, en Australie et en Nouvelle-Zélande.
Cependant, il s'agit toujours de cultures très localisées et, dans l'ensemble, le cépage ne couvre que des surfaces réduites. Il peut être employé pour donner des vins secs, liquoreux ou demi-secs. Mais même les vins secs paraissent toujours assez tendres lorsqu'ils sont issus de gewurztraminer : cette sensation particulière est due à l'extrême densité aromatique de l'ensemble, qui donne à ces vins denses, doux et caressants une apparence de sucrosité.
Le gewurztraminer aime les climats continentaux et un peu frais ; l'Alsace lui convient donc très bien. Il a une préférence pour les sols à prédominance calcaire mais assez fertiles, ce qui est assez original : les terrains limoneux d'argiles et de schistes lui sont très favorables.

TEMPÉRATURE DE DÉGUSTATION

11 °C

LES BONS ACCORDS

En apéritif, avec des toasts ou des feuilletés au fromage
Foie gras au chutney de mangue
Blanquette de veau aux agrumes confits
Fromage : munster frais (les autres fromages, comme les desserts, s'accommodent mieux des vinifications en vendanges tardives).

PRIX

€€ à €€€

LA SÉLECTION

Domaine Blanck et Fils
Cave de Pfaffenheim
Domaine Seppi Landmann
Domaine Zind Humbrecht
Maison Trimbach

LA DÉGUSTATION

L'ŒIL

La couleur est assez marquée, jaune paille avec de légers reflets roses. La pigmentation de l'ensemble est bien perceptible. Le vin présente une brillance parfaite et une grande limpidité.
On observe un disque assez épais et une belle viscosité.

LE NEZ

Dès sa jeunesse, le vin laisse éclater une intensité aromatique soutenue, qui joue en premier lieu sur une palette épicée : on reconnaît très vite le pain d'épices. Les arômes de rose dominent ensuite, rappelant un peu les muscats, avant de laisser place aux touches de fruits exotiques comme le litchi et aux parfums de zestes d'agrumes.

LA BOUCHE

Franc, assez ample et puissant, l'alsace gewurztraminer paraît d'emblée envoûtant, et l'impression générale est souvent celle d'une rondeur caressante. Attention, il n'est pas ici question de « gras », mais d'une onctuosité extrêmement fruitée.
On retrouve au palais beaucoup des parfums déjà repérés au nez, qui s'enrichissent aussi d'arômes nouveaux : notes épicées de gingembre, se prolongeant dans la finale sous la forme d'une touche d'amertume, et très agréables touches fruitées. L'équilibre gustatif repose sur une générosité intéressante et une pointe de douceur. Il arrive d'ailleurs qu'il subsiste dans le vin quelques sucres résiduels.
Longueur : 5-6 caudalies.

CÉPAGE CHARDONNAY AOC MÂCON

Nous sommes en présence d'un vin issu d'un unique cépage : le chardonnay. L'exercice consiste à l'identifier avec précision. La tâche ici se complique singulièrement. La difficulté provient des multiples expressions que peut arborer cette variété de raisin en fonction de la composition des sols, la diversité des climats ou le travail du vigneron. Nous voici donc condamnés, pour découvrir le chardonnay, à quitter le domaine des généralités pour prendre un exemple très précis – ici, un mâcon – qui laissera apparaître les qualités variétales du cépage sans que la minéralité du terroir ou la méthode de vinification ne viennent trop bouleverser l'exercice.

Il faut pourtant prêter une attention particulière au choix du vin pour cet exercice de dégustation : un mâcon de deux ans sera parfait, à condition qu'il s'agisse d'un vin de cuve, et surtout pas d'un vin élevé en fût, ce qui modifierait complètement la perception du cépage.

Parfois difficile à identifier à cause de ses multiples facettes, le chardonnay mérite d'être découvert en plusieurs fois, et j'aurai l'occasion d'y revenir lors de la dégustation d'autres vins. Ceux qui le veulent peuvent aussi organiser un exercice comparatif avec des chardonnay de styles assez différents, en se référant aux autres exercices proposés plus loin (voir p. 72 et p. 76).

REPÈRES

LE CÉPAGE CHARDONNAY

Le chardonnay est vraisemblablement d'origine bourguignonne ; il porte en tout cas le nom d'un village proche de Mâcon. Considéré comme l'un des plus grands cépages blancs du monde, il s'est développé en Bourgogne avant de conquérir toute la planète. La réputation du chardonnay est telle, de par le monde, que son nom est devenu synonyme de vin blanc chez les Anglo-Saxons. En Bourgogne, on l'appelait autrefois « pinot-chardonnay », en le considérant comme la version en blanc du célèbre pinot noir. Il s'orthographie parfois « chardonay » ou « chardonnet ». Le cépage prend, localement, le nom de « beaunois » ou « morillon » (dans l'Yonne), de « petite sainte-marie » (en Savoie) ou de « melon d'arbois » (dans le Jura).

En quelques décennies, le chardonnay s'est imposé dans presque tous les vignobles du monde. Il faut avouer qu'il présente quelques avantages sérieux, puisqu'il pose peu de problèmes de culture – hormis sa fragilité face aux gelées printanières –, offre des rendements corrects et une richesse en sucres généralement très honorable. Du coup, il est devenu l'un des cépages les mieux partagés, puisqu'on en trouve quelque 150 000 hectares dans le monde, dont un quart en France et un quart aux États-Unis. En France, on le cultive en Bourgogne, du Chablisien au Mâconnais, et jusqu'aux monts du Beaujolais où il est utilisé pour l'élaboration des rares beaujolais blancs. Le chardonnay est présent aussi en Alsace pour l'élaboration du crémant, dans le Jura où il est vinifié seul ou en assemblage, dans les pays de Loire où il entre dans la composition des effervescents. Plus récemment, il a été acclimaté dans le sud de la France puisqu'on le trouve en vin de pays d'oc et en AOC limoux. En Champagne, il se concentre surtout au sud d'Épernay, dans le terroir abrité de la côte des Blancs. Ailleurs en Europe, on le cultive en Italie – dans le Piémont, le Frioul, la Vénétie, et même un peu en Toscane et en Ombrie –, ainsi qu'en Espagne, dans le Penedes surtout, où il sert de base à des vins effervescents. Il est aussi présent en Belgique, au Luxembourg, en Autriche, en Hongrie, en Roumanie, en Grèce, en Bulgarie et en Angleterre. Mais c'est surtout au Chili, en Afrique du Sud, en Australie, en Nouvelle-Zélande et en Argentine que le chardonnay a réussi une percée spectaculaire. C'est son grand pouvoir d'adaptation qui lui a permis de devenir une référence en blanc. Il résiste bien aux hivers froids et se comporte honorablement en cas de chaleur. Il montre une nette préférence pour les sols calcaires ou argilo-calcaires dans des endroits un peu frais. Il offre aussi de très larges possibilités de vinification, puisqu'il supporte aussi bien l'élevage en cuve que celui en fût. Ses belles aptitudes à fournir des vins de garde constituent un atout supplémentaire.

TEMPÉRATURE DE DÉGUSTATION

10-11 °C

LES BONS ACCORDS

Andouillette sauce moutarde
Poissons en sauce crémée
Dos de cabillaud au gros sel
Volailles rôties
Fromages : chèvre du Mâconnais, boutons de culotte

PRIX

€€ à €€€

LA SÉLECTION

Domaine Bonhomme
Domaine Guffens Heynen
Domaine Valette
Les Hauts d'Azenay
Domaine Thévenet

LA DÉGUSTA… ON

L'ŒIL

Le vin est jaune or pâl… …nide, souvent scintillant.
Le disque est assez é… …dantes.

…ais sans exubérance.
…ales et minérales.
…re. Dans certains millé-
…d'ananas. Le vin, dans sa
…, de pamplemousse en par-

…le chèvrefeuille et l'églantine.
…, en fonction du sol. Sur un vin
…ur minérale d'un terroir calcaire
…ayeuses.

…présente une belle homogénéité de texture et une harmonie …ıdée sur la rondeur et la fraîcheur d'une finale minérale mar- …ches d'agrumes. L'équilibre réussi s'appuie sur une bonne aci- … tout au long de la dégustation, et contrebalancée par une attaque …reuse. Dans le style d'un mâcon blanc de cuve, cette alliance pré- se… …alités désaltérantes très agréables.
Longueur : environ 5 caudalies.

CÉPAGE ROUSSANNE AOC VIN-DE-SAVOIE-CHIGNIN-BERGERON

Souvent associé à d'autres, le cépage roussanne n'est pas si facile à identifier, et doit être « mis en scène » pour être vraiment apprécié. L'appellation vin-de-savoie-chignin-bergeron a l'avantage d'employer seule cette roussanne assez peu répandue, pour proposer un vin qui, dans sa jeunesse, combine très agréablement le fruité et la minéralité – deux éléments que cet exercice devrait justement permettre de mettre en valeur. Le vignoble savoyard recèle de nombreux trésors que j'ai eu l'occasion de découvrir lorsque j'étais étudiant à l'École hôtelière de Grenoble : le chignin-bergeron figurait d'ailleurs en bonne place dans nombre de cérémonies organisées par l'école. On choisira, pour l'exercice, un vin-de-savoie-chignin-bergeron de deux ans.
Pour faire apparaître les différentes facettes du vin, on peut recourir à des accords gastronomiques variés. Par exemple, le fruité se révèle bien lorsqu'il est opposé à des goûts végétaux : on choisit alors de goûter le chignin-bergeron avec des escargots aux herbes. L'effet peut être du même genre avec des ravioles aux épinards, par exemple. En revanche, la minéralité s'exprime mieux lorsqu'on accompagne le vin de produits eux-mêmes minéraux. C'est avec des langoustines, ou même de simples bulots cuits au court-bouillon, qu'elle sera vraiment perceptible.

REPÈRES

L'APPELLATION CHIGNIN-BERGERON

Lucullus, le plus célèbre gourmet romain, appréciait déjà les vins des Allobroges, preuve de l'ancrage historique de la vigne dans cette région escarpée. Plus près de nous, au début du XXe siècle, on comparait déjà le niveau de qualité des vins de Chignin aux crus de Chablis et de Graves.

Le chignin-bergeron est un vignoble de coteaux au cœur du parc naturel régional du massif des Bauges, au bout de la cluse de Chambéry. La minéralité est omniprésente ; face aux terroirs d'Abymes et d'Apremont, elle est même saisissante et se retrouve dans les vins.

Les vignes de cépage roussanne, classées en AOC chignin-bergeron en 1973, se situent sur les communes de Chignin, Francin et Montmélian. Elles sont exposées sur le versant sud, sud-ouest de la « Savoyarde » et sont protégées des vents du nord par le mont Saint-Michel, le mont Rojoux et la colline Saint-Anthelme, créant ainsi un micro-climat favorable.

LE CÉPAGE ROUSSANNE

La roussanne est parfois appelée « roussette » et porte en Savoie le nom de « bergeron ». Elle appartient en priorité au nord de la vallée du Rhône. C'est là que ce cépage que j'aime à qualifier d' « aristocratique » trouve ses terres de prédilection. Doté d'un joli tempérament, mais sans exubérance, il est généralement associé à la marsanne, autre cépage rhodanien, dans des assemblages auquel il apporte, pour sa part, vivacité, fraîcheur acidulée et touche aérienne. L'association marsanne-roussanne est d'ailleurs aussi présente dans le Languedoc. En Savoie, en revanche, le cépage est souvent vinifié seul. Grâce à sa maturité tardive, la roussanne affectionne les régions froides, les terrasses caillouteuses et les éboulis.

Ce cépage plutôt rare est également cultivé en Italie – pour l'appellation toscane Montecarlo bianco –, en Californie et en Australie, dans la région de Victoria.

TEMPÉRATURE DE DÉGUSTATION

10-11 °C

LES BONS ACCORDS

Charcuteries savoyardes
Langoustines rôties
Escargots aux herbes
Truite de rivière pochée
Tartiflette et raclette
Fromage : tomme de Savoie

PRIX

€ à €€

LA SÉLECTION

Domaine André & Michel Quenard
Domaine Raymond Quenard
Domaine Louis Magnin
Domaine Bouvet
Domaine Perrier

LA DÉGUSTATION ••

L'ŒIL

De couleur jaune or à reflets verts, le vin présente un disque brillant, limpide, d'une épaisseur moyenne. Sa viscosité est marquée, les larmes sont abondantes.

LE NEZ

L'intensité, moyenne dans un premier temps, laisse s'exprimer des notes de fruits du verger : pêche et poire dominent d'abord, rapidement relayées par des touches d'agrumes et des arômes un peu confits d'abricot et de figue mûre. En même temps que ces parfums se découvre la minéralité du vin, parfois difficile à déceler car les notes crayeuses restent discrètes ; il faut donc s'efforcer d'écarter les sensations olfactives liées aux arômes de fruits pour laisser place aux touches minérales.
Enfin, après oxygénation du vin, apparaissent des arômes d'acacia et de genêt.

LA BOUCHE

Le vin, au palais, ne semble ni rond ni incisif, mais franc et caressant, avec juste une pointe d'acidité minérale. Le corps trouve sans difficulté son équilibre grâce au rapport réussi entre alcool et acidité. Si la longueur est moyenne, le vin paraît généralement très net, avec un côté floral qui s'exprime en finale et une persistance très agréable.
Longueur : 4-5 caudalies.

CÉPAGE SAUVIGNON AOC SANCERRE

Un premier exercice autour du sauvignon (p. 24) a permis de mettre en évidence les caractéristiques du cépage. Il importe maintenant de comprendre l'importance du travail du vigneron : les méthodes de culture et de vinification choisies ont une influence déterminante sur le vin, notamment dans des vignobles comme celui de Sancerre, sur la Loire, où depuis quelques années certains viticulteurs cherchent à obtenir des maturités de raisin plus poussées : dans une région plutôt fraîche comme celle de Sancerre, l'harmonie entre l'acidité naturelle du cépage et la maturité des fruits au moment de la récolte permet d'élaborer des vins plus complexes.

Il faut ici apporter beaucoup de soin au choix du sancerre, car tous les vins de l'appellation ne sont pas vinifiés selon les mêmes méthodes, comme je l'explique plus loin. On se reportera utilement à la liste des domaines que je recommande, et qui ont pour particularité de rechercher précisément le type de vin le mieux adapté à l'exercice que je propose. Dans ce cas, un sancerre de trois ou quatre ans se révélera parfait.

L'idéal est de déguster le sancerre d'abord seul, puis tout au long du repas : c'est une bonne manière d'apprécier successivement les différents aspects du vin. Les fruits de mer et, d'une manière générale, tous les produits marins iodés, rendent plus sensible l'acidité minérale du vin ; une viande à la crème met en relief la densité et l'onctuosité du sancerre, tandis que le chavignol fait ressortir son côté fruité.

CÉPAGE CHENIN AOC SAVENNIÈRES

Cet exercice, plus difficile que les précédents, est destiné à éclairer la délicate notion de minéralité. Pour ce faire, j'ai choisi un vin de Loire, le savennières, qui devrait permettre d'apprécier, aux côtés des classiques notes de fruits mûrs, l'empreinte minérale du tuffeau qui signe son terroir.
Je n'ai jamais regretté mon premier voyage dans le Val de Loire, qui m'a fait découvrir les vins de la région. Je n'ai d'ailleurs jamais oublié la façon inattendue dont j'ai abordé la région du savennières : c'est en effet en suivant un... cheval que j'ai parcouru ce vignoble de vallons et de rivières où règne en maître le cépage chenin.
Un savennières de cinq ans d'âge est parfait pour illustrer cet exercice. En effet, il atteint à cet âge un équilibre entre le fruit, encore présent, et la minéralité qui se révèle.
Si l'on souhaite accompagner l'exercice de dégustation d'un repas, les gambas sauce gribiche – qui mêlent herbes et cornichons – font bien ressortir la fraîcheur et la minéralité d'un savennières. Mais une volaille à la crème se révèle tout aussi parfaite : c'est alors le contraste entre la vivacité du vin et l'onctuosité de la sauce qui scelle la réussite de l'accord.
Je dois l'avouer, j'aime beaucoup le savennières : ce vin frais et désaltérant appelle toujours, dans ma mémoire, le souvenir du jardin de mes grands-parents, dans lequel je jouais à mâchonner des tiges de trèfle.

REPÈRES

LE CÉPAGE CHENIN

Plutôt précoce, malgré sa crainte des gelées printanières, le chenin constitue le grand cépage blanc de la Loire, où il donne des vins monocépages très réputés qui peuvent être vinifiés en sec ou en moelleux.

Le chenin préfère incontestablement les climats tempérés, et c'est sans doute pourquoi la douceur angevine s'est révélée si bénéfique à ce cépage sensible. Il affectionne les sols calcaires, et le tuffeau de Loire lui convient particulièrement bien. Mais il gagne encore en élégance lorsqu'au tuffeau se mêlent, comme c'est le cas dans l'appellation savennières, des terroirs de schistes qui apportent aux vins finesse et complexité.

La Touraine, l'Anjou et le Saumurois comptent plusieurs vins emblématiques issus du chenin : savennières, bien sûr, mais aussi chinon blanc, vouvray, montlouis, saumur blanc. Il entre également dans l'élaboration de l'anjou blanc, où il peut être assemblé à du chardonnay et du sauvignon.

En France, il a aussi été acclimaté plus au sud pour apporter un peu de son acidité naturelle à des assemblages basés sur du chardonnay ou du mauzac, par exemple dans l'appellation crémant de limoux.

On trouve également du chenin en Afrique du Sud, en Argentine, en Australie et en Nouvelle-Zélande. En Californie, il est presque toujours associé au chardonnay. Le chenin se présente souvent sous la dénomination de « pineau de la Loire ». En Afrique du Sud, on l'appelle le « steen ».

TEMPÉRATURE DE DÉGUSTATION

11-12 °C

LES BONS ACCORDS

Apéritif
Gambas sauce gribiche
Sandre ou brochet au beurre blanc
Volaille rôtie au jus d'agrumes
Ris de veau au risotto, sauce crémée
Fromage de chèvre : chabichou

PRIX

€€ à €€€

LA SÉLECTION

Château d'Épire
Coulée de Serrant
Domaine du Closel
Château de Chamboureau
Domaine Ogereau

LA DÉGUSTATION ••

L'ŒIL

De couleur jaune pâle, avec des reflets légèrement or vert, la robe est brillante, étincelante presque.
La capillarité est bien marquée. Le disque est d'une belle épaisseur.

LE NEZ

Il faut se montrer attentif, ici, aux différentes étapes au cours desquelles se dévoile le nez du savennières.
Les premiers effluves restent assez discrets, avec des parfums floraux ou végétaux – dans le bon sens du terme – qui évoquent l'infusion d'herbes, la verveine et le tilleul.
Lorsqu'on fait tourner le vin dans le verre, de nouveaux arômes apparaissent. Cette fois, il s'agit plutôt de parfums fruités de coing et de mirabelle. On trouve aussi, en finale, une touche de miel.
Après oxygénation complète, la fraîcheur minérale du vin va s'exprimer : on découvre alors des notes de craie combinées à des touches d'agrumes.

LA BOUCHE

Très franche, la bouche paraît presque incisive en attaque, surtout lorsque le vin est jeune, car l'acidité minérale a tendance à décroître avec le temps. C'est ce côté percutant, cette fraîcheur du vin qui doit être recherchée d'abord. Au cours d'une deuxième phase, on retrouve les parfums fruités et floraux que l'on a déjà décelés au nez. Puis, enfin, s'exprime la minéralité propre au terroir de savennières, accompagnée d'une touche de verveine et d'une pointe d'amertume qui, loin de constituer un défaut, fait au contraire ressortir la personnalité du vin.
Longueur : 6-7 caudalies.

CÉPAGE RIESLING AOC ALSACE RIESLING

Cet exercice s'inscrit dans la continuité logique des précédents, puisqu'il s'agit, cette fois encore, d'apprendre à distinguer la minéralité d'un vin précis, ici l'alsace riesling. Pour cette leçon, un alsace riesling jeune, de trois ou quatre ans, me paraît le plus indiqué. Presque toujours, l'alsace riesling est empreint d'une minéralité exceptionnelle. Cette spécificité permet au vin d'accompagner magnifiquement les produits de la mer comme des langoustines. Et pour profiter aussi de la fraîcheur du vin, rien ne convient mieux qu'un risotto un peu crémeux. Mais c'est avec les huîtres que les touches florales et fruitées seront le plus faciles à reconnaître. Pour moi, la dégustation d'un riesling évoque ces falaises calcaires que l'on entaille avec son piton en faisant de l'escalade.
Les monts des Vosges protègent ce vignoble septentrional, en créant un microclimat propice à la culture de la vigne malgré la latitude de la région. Contrairement aux idées reçues, le vignoble alsacien bénéficie d'un climat continental parmi les moins humides de France.
J'ai goûté en Alsace des rieslings, vinifiés en sec, de 50 ans d'âge et j'en garde un souvenir intense. Certes, il se peut que le vin soit usé, mais si vous prenez le soin de choisir un grand millésime, vou avez toutes les chances de rencontrer le bonheur. Vous découvrirez alors un bouquet complexe composé de fruits exotiques, d'épices raffinées et d'une extraordinaire minéralité, auxquels se mêlent le miel et le coing. La bouche conserve toute sa fraîcheur grâce à une acidité remarquable sans être agressive.

CÉPAGE SAUVIGNON
AOC POUILLY-FUMÉ

Intense et aromatique, le sauvignon sait aussi se faire le reflet d'un terroir précis, pour peu qu'il soit planté sur des sols dotés d'une belle minéralité, capables de donner au vin une personnalité et une élégance supplémentaires. Et si beaucoup de vignobles de la Loire sont plantés en sauvignon, c'est sans doute dans l'appellation pouilly-fumé que le cépage trouve l'une de ses meilleures expressions. La dégustation du vin montre alors une typicité d'origine géologique qu'il faut apprendre à reconnaître.

C'est avec un pouilly-fumé âgé de cinq ans que la minéralité du vin saura le mieux se révéler. Pour optimiser la perception de la minéralité, j'ai l'habitude de carafer le pouilly-fumé quarante-cinq minutes environ avant la dégustation. Je recommande cependant de surveiller attentivement la température après la mise en carafe.

REPÈRES

TEMPÉRATURE DE DÉGUSTATION

10 °C

LES BONS ACCORDS

Huîtres pas trop grasses : fines de claire n° 1
Oursins
Œufs de saumon
Poissons à chair blanche : saint-pierre au four au beurre blanc, jus citronné
Risotto au safran et coquillages
Fromage : chèvre demi-sec, légèrement bleuté, rôti et accompagné d'une émulsion tiédie d'anchois et d'huile d'olive

PRIX

€€ à €€€€

LA SÉLECTION

Château de Tracy
Didier Dagueneau
Domaine Redde
Domaines des Berthiers Dagueneau
Maison Guy Saget

L'APPELLATION POUILLY-FUMÉ

Le vignoble de Pouilly se situe sur la rive droite de la Loire, au nord-est de la Nièvre, presque face à Sancerre. Depuis 1937, il bénéficie d'une Appellation d'origine contrôlée pour les deux cépages cultivés et produisant exclusivement des vins blancs : le chasselas pour l'AOC pouilly-sur-loire et le sauvignon pour le pouilly-fumé.

La vigne semble avoir été introduite dès le VIIe siècle. Vers 680, Vigile, l'un des successeurs de saint Germain, lègue à l'abbaye Notre-Dame d'Auxerre son domaine de Pouilly, « Pauliaca Villa », et ses vignes. Au XVIe siècle déjà, le transport des vins s'effectue par la Loire, puis à partir de 1642, et tout au long du XVIIe siècle, avec l'ouverture du canal de Briare, Pouilly se tourne vers Paris et l'Angleterre. En 1830, les tonneaux destinés à la Halle aux vins de Paris partaient sur des « rambardes », des bateaux à fond plat. À son arrivée en 1860, le chemin de fer Paris-Clermont dynamise les relations avec Paris. Au milieu du XXe siècle, Pouilly entre dans l'ère du pouilly-fumé et de valorisation du vignoble : le sauvignon supplante le chasselas dans les années 1960. Aujourd'hui, le vignoble de Pouilly s'étend sur 1 200 hectares plantés, dont 40 de chasselas, que se partagent environ 130 exploitants. L'aire d'appellation d'origine s'étend sur les communes de Pouilly-sur-Loire, Saint-Andelain, Tracy-sur-Loire, Saint-Martin-sur-Nohain, Saint-Laurent-l'Abbaye et Mesves-sur-Loire.

Les qualités des vins de Pouilly sont le résultat d'un ensemble de facteurs : biologique, climatique, géologique et humain. Planté sur des marnes kimméridgiennes, et bénéficiant du climat océanique propre au Val de Loire, le cépage sauvignon possède tous les atouts pour s'épanouir das les meilleures conditions. La nature des roches en sous-sol – calcaires, argiles, silex – contribue à déterminer l'arôme des vins. Les sols argilo-calcaires, plats avec de nombreuses pierres blanches calcaires dites « caillotttes » donnent un vin sec plus rond que dans les calcaires voisins.

C'est au sommet de la butte de Saint-Andelain, à environ 100 mètres d'altitude, que l'on trouve des argiles à silex. On y obtient avec le cépage sauvignon un pouilly-fumé qui pésente le goût unique de pierre à fusil. Ce goût est lié au réchauffement du silex dans l'argile. J'aime arpenter les différentes parcelles et mesurer l'importance du terroir en goûtant, en parallèle, les vins produits sur chacune d'elles.

LA DÉGUSTATION •••

L'ŒIL

De couleur jaune paille clair avec des reflets jaunes et or vert, le vin est brillant, scintillant même.
On remarque un disque d'épaisseur moyenne et une bonne viscosité.

LE NEZ

La première impression est marquée par l'intensité et la complexité. L'une des difficultés de l'exercice consiste à discerner les arômes dus à l'évolution du vin en bouteille – n'oublions pas qu'il s'agit d'un vin blanc âgé de cinq ans – de ceux qui sont directement liés au terroir. Bien entendu, les parfums sont alors harmonieusement combinés, et il faut apprendre à les reconnaître.
On retrouve donc, dans un premier temps, les parfums classiques du sauvignon mûr qui, avec les années, ont tendance à se concentrer : des arômes fruités d'ananas et de mangue, enrichis de notes de zestes d'agrumes confits, parfois des parfums d'abricot et même de melon, ainsi que des notes florales de genêt et d'aubépine.
Dans un second temps, se révèlent les arômes minéraux typiques du vignoble : on reconnaît alors des senteurs de pierre à fusil et des notes fumées particulières aux terroirs où cohabitent calcaire et silex.

LA BOUCHE

Le vin est franc, assez ample, et l'expression aromatique paraît dense dès le départ. On note immédiatement l'équilibre entre la maturité des arômes, la mise en valeur du fruité et la minéralité très présente : on pourrait dire, d'une manière simple, que l'on retrouve parfaitement dans la bouche l'intégralité des sensations olfactives précédentes.
On découvre ensuite une note iodée, typique du pouilly-fumé, qui n'est pas sans rappeler la chair de l'huître.
Longueur : 6-7 caudalies.

CÉPAGE
GRENACHE BLANC *majoritaire*
AOC
CHÂTEAUNEUF-DU-PAPE

Un vin élaboré à partir de plusieurs cépages demeure toujours plus difficile à identifier. L'exercice, ici, consiste moins à retrouver chaque composante de l'ensemble qu'à percevoir ce que chaque élément apporte à l'architecture générale du vin. On peut aussi s'essayer à déterminer l'éventuelle dominante – en n'oubliant pas que les proportions peuvent varier presqu'à l'infini d'un vigneron à un autre.
Je suis très attaché aux vins du sud de la vallée du Rhône, et au châteauneuf en particulier, sans doute parce que j'ai parcouru dès ma jeunesse ce vignoble à la beauté latine qui se trouvait à proximité de ma région d'origine. J'ai conservé des bouteilles acquises à l'époque : j'en ouvre une régulièrement, que je goûte avec délectation accompagnée d'une brouillade de truffes.
Les châteauneuf-du-pape blancs, pour être de très grands vins, doivent éviter plusieurs écueils : l'excès de soleil, responsable de la présence d'alcool, peut les rendre trop capiteux ; à l'inverse, une maturité insuffisante de la récolte leur fait perdre beaucoup de leurs atouts.
Il faut ainsi prêter une grande attention au vin choisi pour la dégustation, car un châteauneuf-du-pape blanc ne doit pas être dégusté avant l'âge de trois ou quatre ans. Il convient ici de choisir un vin de cuve, qui n'a donc pas fait l'objet d'un élevage sous bois, afin de ne pas compliquer davantage l'exercice. Les blancs de l'appellation peuvent en effet être élevés en cuves ou en fûts, ce qui leur donne des caractères assez différents. Il faut aussi se montrer très attentif à la température du vin, qui doit être parfaitement maîtrisée : un vin goûté trop chaud paraîtra beaucoup trop capiteux pour être apprécié.
Un châteauneuf-du-pape de trois ou quatre ans gagne à être carafé, ce qu'il vaut mieux éviter de faire sur un vin d'une dizaine d'années, par exemple, pour ne pas insister sur le caractère oxydatif lié à l'âge.

CÉPAGES SAUVIGNON, SÉMILLON AOC GRAVES

Face à un assemblage qui comporte, comme ici, deux cépages différents, le premier exercice de dégustation consiste à repérer, dans le produit final, les caractéristiques de chacun de ses éléments. Avec un graves blanc sec, il n'est pas si difficile d'identifier les deux composants de l'ensemble, mais il est parfois plus délicat de déterminer lequel des deux est dominant. Pour ce faire, on choisira de préférence un graves blanc sec d'environ trois ans, que je conseille de carafer afin d'obtenir une bonne oxygénation du vin et de faire apparaître tous les arômes. Pour en apprécier les subtilités, je recommande de l'accompagner de produits de la mer qui mettront en valeur le sauvignon, et de viandes blanches révélatrices de la densité du sémillon.

REPÈRES

LES CÉPAGES SAUVIGNON ET SÉMILLON

J'ai déjà eu l'occasion de dire (voir p. 24 et p. 48) que le sauvignon est le type même d'un cépage blanc exubérant et aromatique. Son entrée dans la famille bordelaise est relativement récente, puisqu'autrefois les blancs secs de Bordeaux étaient élaborés presqu'exclusivement à partir de sémillon et de muscadelle, deux variétés traditionnellement vouées aux célèbres moelleux ou liquoreux. Le recours au sauvignon – qu'il ne faut pas confondre avec le cabernet-sauvignon, un cépage rouge typique des appellations bordelaises – a apporté dans la viticulture de la région une petite révolution, en modifiant sensiblement la nature des vins blancs qui ont gagné en légèreté et en vivacité. Côté sols, les domaines qui produisent des graves blancs choisissent généralement de planter le sauvignon sur les terrains calcaires, en réservant les sables argileux sur sous-sol calcaire à la culture du sémillon.
Face au sauvignon nouveau venu, le sémillon fait figure d'ancêtre. Rarement utilisé seul, ce cépage vit depuis bien longtemps une association complice avec la muscadelle dans les grands liquoreux du Sauternais : ses grains conviennent parfaitement en effet lorsqu'on recherche les effets de la « pourriture noble », le *botrytis cinerea*. Mais il manque d'expression aromatique lorsqu'il est vinifié en sec : on pourrait dire, pour simplifier, qu'il s'agit davantage d'un cépage de texture que d'arômes. La région bordelaise connaît un climat océanique frais bien adapté au sémillon et qui favorise, lorsqu'on souhaite élaborer des liquoreux, l'apparition de la pourriture noble.
En France, le sémillon demeure assez répandu, bien que son aire de prédilection soit incontestablement l'Aquitaine et le Sud-Ouest : Sauternais, Bordelais, Dordogne. L'appellation graves blanc fait la part belle à ce cépage, bien que le pourcentage de sauvignon représente, pour certains domaines, plus de la moitié de l'assemblage. On retrouve la combinaison sauvignon-sémillon, dans des proportions variables, dans plusieurs appellations : graves et pessac-léognan, mais aussi bordeaux blanc, entre-deux-mers, blaye, côtes de bourg ou bergerac blanc. Le sémillon est également cultivé aux États-Unis, au Chili, en Argentine, en Afrique du Sud et en Australie.

TEMPÉRATURE DE DÉGUSTATION

10 °C

LES BONS ACCORDS

Homard grillé
Dos de cabillaud grillé sur peau
Poissons de rivière en sauce à la crème
Veau, porc rôtis
Volailles grillées

PRIX

€€ à €€€

LA SÉLECTION

Château Saint Robert
Château Respide Médeville
Château Langlet
Château de L'Hospital
Clos Floridene

LA DÉGUSTATION ••

L'ŒIL

On note une robe jaune or, avec des reflets or vert.
Le disque est assez fin, brillant et limpide. La viscosité dépend beaucoup de la proportion des cépages dans l'assemblage : une viscosité épaisse est un bon indicateur de la prédominance du sémillon.

LE NEZ

Là encore, la proportion sémillon-sauvignon va se révéler déterminante pour l'intensité du nez.
Si la dominante est très aromatique et fruitée, marquée par les fruits exotiques – agrumes, pointe d'ananas et litchi – et laisse paraître une certaine exubérance, le vin contient certainement un beau pourcentage de sauvignon. Il faut toutefois nuancer cet avis ; en effet, à l'âge de trois ans, le sauvignon a encore tendance à « écraser » un peu le sémillon. Mais sitôt après, le rôle du sémillon prend le relais. On constate alors la présence d'arômes plus complexes fondés sur des parfums floraux denses d'arbres fruitiers et de sureau.
L'oxygénation du vin permet ensuite de révéler les touches boisées, surtout si on a pris soin de carafer le graves. Un élevage sous bois va en effet développer des notes vanillées et des touches de résineux.

LA BOUCHE

C'est au palais que va s'apprécier le point de rencontre des cépages. Tout de suite après l'attaque franche, une première vague de saveurs est dominée par la fraîcheur des agrumes, marque typique du sauvignon. Puis le vin prend de l'ampleur, sa texture se fait plus dense et l'on perçoit davantage de « gras » : c'est la présence du sémillon qui donne au vin ce beau volume. Enfin, le boisé de l'élevage confère à l'ensemble de discrètes notes d'épices fumées.
La longueur, à son tour, dépend de la complexité de l'ensemble. Elle est en général supérieure sur un vin délicatement boisé grâce à la présence des tannins.
Longueur : de 4-5 à 6-7 caudalies.

CÉPAGE CHARDONNAY AOC BOURGOGNE-HAUTES-CÔTES-DE-NUITS

Un exercice comme celui que je propose ici constitue une excellente approche du « boisage », c'est-à-dire l'élevage d'un vin en fût. En effet, le chardonnay, cépage naturellement dense, fait souvent l'objet de ce type d'élevage ; il permet d'obtenir des vins au boisé bien intégré et extrêmement plaisant. C'est à dessein que j'ai choisi ici une appellation réputée modeste, pour que la minéralité d'un très grand terroir ne fasse pas perdre de vue le propos essentiel de cette leçon de dégustation.

Appellation sous-régionale de la Bourgogne, cette AOC est située sur les rebords du plateau sud-ouest de la côte de Nuits. Le sol est argilo-calcaire, le dessus du coteau présente des marnes blanches. Le bas du coteau est à prédomiance d'argiles rouges.

On choisira un hautes-côtes-de-nuits d'environ deux ans que je conseille de carafer pour en profiter pleinement : l'oxygénation des tannins donne alors du soyeux à la texture et permet de fondre les parfums. L'intensité boisée, très perceptible à l'ouverture de la bouteille, gagne alors en nuances avec le passage en carafe.

REPÈRES

L'ÉLEVAGE SOUS BOIS DES VINS BLANCS

Il est temps d'expliquer sommairement les différentes méthodes de la vinification « sous bois » d'un vin blanc. Il en existe en effet plusieurs qui, toutes, permettent d'obtenir des notes boisées perçues à la dégustation… mais pas toujours, loin s'en faut, avec la même délicatesse.

La méthode bourguignonne, approche traditionnelle des vinifications sous bois, est aussi la plus raffinée. Le moût, ou jus de raisin fraîchement pressé, est mis en fermentation directement en fût de chêne. Après la fermentation alcoolique, le vin reste sur lies pendant plusieurs mois et connaît, toujours en fût, sa fermentation malolactique. Un bâtonnage régulier permet une grande homogénéité du vin, marque de l'harmonie finale fondée sur la complicité entre le vin et le bois.

Plus simple, une autre approche consiste à entonner le vin en fût à partir de la fermentation malolactique. On conduit la fin de la vinification de la même façon que précédemment.

La troisième méthode repose sur un élevage en fût intervenant seulement après les deux fermentations, au risque de dissocier dangereusement le boisé du vin proprement dit.

L'aromatisation avec des copeaux de bois est une pratique interdite en France pour les vins d'appellation contrôlée, mais assez utilisée dans certains vignobles étrangers. Depuis septembre 2005, l'Europe reconnaît ces pratiques, mais seulement pour les vins venant du reste du monde. Cette méthode contestée permet de donner à des vins de cuve terminés un arôme de bois un peu artificiel.

TEMPÉRATURE DE DÉGUSTATION

10-11 °C

LES BONS ACCORDS

Terrine de lapereau, gelée aux herbes
Cuisses de grenouilles au persil
Feuilletés aux escargots
Gougères
Poissons rôtis au four
Volailles aux champignons
Fromages de chèvre

PRIX

€€ à €€€

LA SÉLECTION

Domaine Anne Gros
Domaine Alain Jeanniard
Domaine Patrick Hudelot
Château de Villars Fontaine
Domaine Pansiot

LA DÉGUSTATION ••

L'ŒIL

De couleur jaune or assez soutenue, avec des reflets légèrement vert-doré, le vin présente une belle intensité, profondeur et brillance.
Le disque est assez épais, la capillarité généreuse.

LE NEZ

Le nez, expressif et intense, permet de retrouver les qualités variétales du cépage (voir p. 42) mais porte l'empreinte de la vinification et de l'élevage en fût de chêne. Un boisé réussi peut être d'emblée décelé au nez. Par le biais de son apport aromatique, de l'oxygénation et de la migration des tannins, il apporte de la complexité et sert de révélateur aux autres arômes. C'est ainsi qu'on retrouve des notes fruitées d'agrumes et de fruits du verger comme la pêche, ainsi que des senteurs florales de chèvrefeuille et d'acacia. La minéralité, elle, s'exprime moins bien, dans un vin de deux ans, qu'avec un chardonnay de cuve : à ce stade, elle s'efface devant la présence du bois.
Les notes boisées doivent être perceptibles mais discrètes : parfums de chêne et arômes de pin pour les touches balsamiques, notes épicées de vanille et de cannelle et touches empyreumatiques de fumé et de grillé qui rappellent le pain grillé ou même la mie de pain.

LA BOUCHE

Franche, ronde, la bouche est généreuse. Le corps sphérique du vin, doté d'une structure tannique perceptible, s'appuie sur une impression de densité et de volume augmentée par des touches boisées et épicées. En fin de bouche, on peut retrouver la minéralité du terroir, l'idéal étant bien sûr de pouvoir profiter alternativement du volume de bouche, des tannins enrobés et de la fraîcheur finale.
Longueur : 6 caudalies.

CÉPAGE CHARDONNAY AOC PULIGNY-MONTRACHET

premier cru

Il s'agit ici de se livrer à un exercice complexe : la dégustation d'un vin issu de chardonnay à son apogée. Rien ne saurait mieux convenir qu'une grande appellation de Bourgogne traditionnellement boisée, que l'on goûtera à un stade évolué de sa maturité. Malgré la tendance actuelle à boire de préférence des vins jeunes, il faut apprendre à reconnaître la patine du temps. Encore faut-il, pour l'apprécier, que tous les éléments de la réussite soient réunis : un grand terroir, une vinification soignée et un bon millésime. Les années façonnent alors une architecture gustative unique.

Situé au cœur de la Côte de Beaune, l'appellation puligny-montrachet bénéficie d'une exposition remarquable et d'une altitude de vignoble, idéale pour la région, comprise entre 230 et 320 mètres. Il est important de savoir que c'est sur la commune de Puligny-Montrachet et une partie du village voisin de Chassagne-Montrachet, que l'on produit l'un des plus grands vins blancs du monde, le grand cru Montrachet. C'est un vin en tous points exceptionnel : la richesse, la densité, l'équilibre, le raffinement, le potentiel de garde en font un modèle du genre.

Dans cet exercice, avec un premier cru, je vous propose un palier initiatique, mais n'hésitez pas ensuite à franchir les autres étapes.

REPÈRES

L'APPELLATION PULIGNY-MONTRACHET

La première fois que j'ai arpenté le vignoble au sud de Beaune, j'ai éprouvé la même impression qu'en descendant les Champs-Élysées : ici, tout est faste et noms célèbres, de Puligny à Chassagne ou Meursault ! Les vins de réputation mondiale se succèdent sans discontinuer, et l'on résiste mal à l'envie de tout goûter.

La commune de Puligny-Montrachet se situe à une douzaine de kilomètres au sud de la ville de Beaune. L'appellation éponyme couvre une surface de 200 hectares dont la moitié en premiers crus. Si les blancs ont aujourd'hui une réputation internationale, la production de rouges existe aussi mais en quantité limitée (environ 5 %). La nature argilo-calcaire du sol favorise l'expression minérale du cru.

Idéalement, je conseille d'organiser la dégustation avec un puligny-montrachet d'au moins dix ans – quinze ans étant l'idéal, si le millésime le permet. Il faut se garder de servir ce vin trop frais, pour éviter de masquer les nuances aromatiques dont il est capable. Je préfère pour ma part l'aérer dans des verres de volume suffisant, sans le carafer à l'avance. Si vous voulez profiter de sa magnifique couleur, il faut le verser dans une carafe juste au moment de le servir. J'apprécie particulièrement un puligny évolué avec les poissons au beurre noiseté : le jus fait alors ressortir la minéralité du puligny, et la noisette, dont l'arôme est présent dans la sauce et dans le vin, sert de lien à l'ensemble.

TEMPÉRATURE DE DÉGUSTATION

13-14 °C

LES BONS ACCORDS

Brouillade de truffe
Fricassée de girolles, pieds de mouton et trompettes
Crustacés chauds : homard au safran et à la cannelle, sauce à la crème
Turbot, saint-pierre, sole au beurre noiseté
Volaille demi-deuil
Pièce de veau en cocotte aux champignons

PRIX

€€€€

LA SÉLECTION

Domaine du Château de Puligny
Domaine Leflaive
Domaine Louis Carillon
Domaine Sauzet
Maison Louis Jadot

LA DÉGUSTATION •••

L'ŒIL

Le vin présente une couleur jaune doré soutenu, tendant vers le vieil or, avec des nuances topaze.
Il offre une très belle profondeur. Il reste brillant et limpide. Le disque est épais, la viscosité est assez marquée, les larmes sont épaisses et régulières.

LE NEZ

Le nez témoigne dès le départ d'une grande intensité et d'une belle maturité aromatique. On y retrouve des parfums issus de différentes « familles ». Les plus perceptibles sont des arômes de fruits secs, dominés par l'amande et la noisette grillées. Les touches de mie de pain briochée, nuancées de croûte de pain torréfié et de beurre noiseté prennent le relais.
On distingue ensuite les arômes dits « tertiaires » qui proviennent de l'évolution : sous-bois, truffe, girolle en font partie, ainsi que des parfums musqués non dénués de notes animales comme la fourrure.
Dans un troisième temps, apparaissent des parfums floraux qui rappellent l'infusion (de tilleul, surtout), et des arômes de fruits frais ou secs : pêche, abricot, fruits confits. Le boisé est perçu par le biais des parfums grillés. Parfois on reconnaît en outre le miel et la cire d'abeille.
Deux autres éléments constituent la marque particulière des grands puligny : le zeste d'agrumes confits, et en premier lieu la mandarine, et la minéralité du terroir calcaire, révélée par le temps, qui confère à l'ensemble son équilibre et qu'on va ensuite retrouver, amplifiée, au niveau du palais.

LA BOUCHE

L'attaque franche et envoûtante laisse place à un vin assagi qui a atteint sa plénitude. J'aime, à propos des puligny évolués, parler de « cathédrale », car je retrouve dans le verre l'écho et le faste du gothique, avec ses facettes, sa fantaisie, son volume.
La montée en température du vin en bouche provoque alors l'explosion aromatique et la perception de la densité exceptionnelle du vin. Les tannins constituent seulement une trame discrète sur laquelle repose l'ensemble. L'homogénéité parfaite entre le vin, les touches boisées et la minéralité du terroir ajoute encore des nuances dans cette harmonie exemplaire.
Longueur : 8-9 caudalies, parfois davantage.

LES VINS BLANCS MOELLEUX

« Moelleux » : le qualificatif a des airs un peu vagues et prête régulièrement à confusion. Comment différencier un vin « moelleux » d'un vin « liquoreux » ou d'un « demi-sec » ? Qu'est-ce qu'un vin dit de « vendanges tardives » ?
Essayons d'être précis : un vin moelleux ne doit pas être confondu avec un vin dit « botrytisé », que l'on qualifie alors de liquoreux. Un moelleux est élaboré à partir de raisins très mûrs, mais non touchés par la « pourriture noble ». Lorsqu'on repousse volontairement la date de la vendange pour obtenir un vin moelleux, on permet au raisin de concentrer naturellement un taux de sucre important. Ce sucre naturel va en partie demeurer dans le vin à l'état de sucre, sans se transformer en alcool : on obtient donc, au final, un vin contenant des sucres résiduels.
On produit, dans le monde, beaucoup de vins moelleux. Traditionnellement, la viticulture française leur a fait la part belle – en Alsace, sur les bords de Loire, dans le Sud-Ouest ou, de manière plus marginale, sur le pourtour méditerranéen. Mais beaucoup d'autres pays, européens surtout, connaissent des vins moelleux qui ont acquis, au fil de l'histoire, une fort belle notoriété : ce type de vins est très répandu en Allemagne, en Autriche et dans toute l'Europe centrale, Hongrie en tête.
Certains cépages, bien entendu, se prêtent mieux que d'autres à la « vendange tardive ». On a toujours fait grand usage du riesling, du pinot gris, du

muscat, du chenin, du petit manseng, du sauvignon et du sémillon. En Europe centrale, le grasa et le furmint sont les cépages consacrés aux vins moelleux. On trouve parfois, vinifié de cette façon, du viognier à Condrieu ou du mauzac dans l'appellation gaillac moelleux.

Pour qu'un moelleux soit réussi, il faut que les conditions climatiques rendent possible la date tardive de la récolte. Dans certaines régions au climat capricieux, comme parfois dans le Val de Loire, il existe des années sans production de moelleux.

Dans tous les cas, la technique employée demeure identique : il s'agit d'obtenir une surmaturation des grains de raisin sans qu'apparaisse la pourriture noble. Il arrive qu'on pratique le passerillage sur souche – on laisse les grains se dessécher partiellement sur le cep – ou le passerillage sur claies – on fait sécher les grains après récolte sur des claies ventilées qui autrefois étaient confectionnées en paille. On obtient alors un produit au stade ultime du rapport entre sucre et alcool et qui, fort logiquement, se nomme « vin de paille ».

Il serait donc faux de réduire le qualificatif de « moelleux » à la simple présence de sucre dans un vin. Beaucoup d'autres genres de vins sont marqués par des sucres résiduels : vins liquoreux botrytisés, je l'ai dit, mais aussi vins de glace, vins mutés ou autres, que nous découvrirons plus loin.

CÉPAGE MUSCAT AOC ALSACE MUSCAT

vendanges tardives

J'ai déjà eu l'occasion de présenter le cépage muscat à propos des vins blancs secs. La découverte d'un vin blanc moelleux issu de muscat vient donc compléter une première approche. Elle devrait permettre, d'une part, de retrouver les caractéristiques du cépage, que l'on identifie souvent à son goût de raisin frais, et, d'autre part, d'évaluer les effets d'une vinification en vendanges tardives. Une fois le cépage reconnu sans ambiguïté, l'amateur doit apprendre, avec un blanc moelleux, à discerner le type d'élaboration – ici, une vendanges tardives et non une sélection de grains nobles – et à évaluer le degré de sucrosité du vin.
On peut, bien sûr, organiser des dégustations de muscat parfaitement indépendantes les unes des autres. Il peut aussi être judicieux de préparer un exercice plus complet autour du cépage muscat, en découvrant successivement trois vins : sec, moelleux et liquoreux.
Mais il est important de comprendre qu'avec une vendanges tardives, la sucrosité peut différer grandement d'un vin à l'autre. À mon sens, il serait risqué de servir à table un alsace muscat vendanges tardives qu'on n'aurait jamais goûté auparavant. L'idéal est donc d'en déguster plusieurs, afin d'apprendre à les apprécier. Un mot, encore : un vin qui contient des sucres résiduels doit être découvert avec un palais neutre : essayez donc de goûter un moelleux avec une glace au citron, vous aurez l'impression que le vin est tout simplement un blanc sec. Le mieux est donc de goûter le vin seul, en dehors de tout repas, et d'essayer ensuite, peut-être lors d'une autre dégustation, de jouer sur un accord.

CÉPAGE PETIT MANSENG AOC JURANÇON

Voici un cépage dont nous n'avons pas encore eu l'occasion de parler, et que je souhaite vous aider à découvrir. La tâche n'est pas facile, car le petit manseng est assez peu répandu et présente des nuances délicates parfois malaisées à identifier.
J'ai choisi, pour rendre l'exercice intéressant, de vous conseiller un jurançon de cinq à six ans d'âge. Il est préférable, à mes yeux, de ne pas essayer d'apprécier ce vin trop jeune. Pour être précis, je vous recommande un jurançon moelleux dont le taux de sucres se situe autour de 60 grammes. Cependant, comme pour l'alsace muscat vendanges tardives qui précède, aucune indication du degré de sucrosité du vin n'est donnée sur l'étiquette. Il faut pourtant savoir que ce taux peut varier du simple au double, ce qui modifie sensiblement l'appréciation du produit final.
Tenons-nous en donc à des généralités : si l'étiquette ne porte aucune mention particulière, on supposera que la quantité de sucres résiduels dans le vin se situe dans une juste moyenne, autour de 60 grammes ; en revanche, si l'étiquette mentionne, par exemple, la date de vendanges on peut supposer que la concentration du vin est supérieure à cette moyenne. Mais bien sûr, il ne s'agit là que d'informations très approximatives, et le mieux est sûrement de procéder à la dégustation de plusieurs produits pour pouvoir en apprécier les différences.
Le jurançon exige de la patience. Mais quelle récompense, ensuite ! D'autant qu'il peut sans souci accompagner tout un repas avec beaucoup d'élégance. Je prends toujours garde de ne pas le servir trop froid : glacé, il perdrait sa subtilité.

REPÈRES

TEMPÉRATURE DE DÉGUSTATION

12 °C

LES BONS ACCORDS

Risotto aux truffes blanches

Volaille rôtie, purée de céleri

Riz madras aux fruits exotiques

Fromages : pâtes persillées ou fromage de brebis de l'abbaye de Belloc servi avec un petit morceau d'abricot au sirop

Tartes aux fruits jaunes (pommes, pêches, abricots, mirabelles)

Tranches d'ananas servies chaudes, avec de la glace au gingembre, à la cannelle ou au caramel au beurre salé

PRIX

€€ à €€€

LA SÉLECTION

Clos Uroulat

Domaine Bru Baché

Domaine de Souch

Domaine Cauhapé

Château Jolys

L'APPELLATION JURANÇON

Voisin de la ville de Pau, dans les Pyrénées, le vignoble de Jurançon appartient à la tradition viticole historique, et la légende prétend que quelques gouttes du précieux vin furent répandues sur le front du futur Henri IV. L'appellation compte seulement des vins blancs, qui peuvent être vinifiés en sec ou en moelleux. Lorsque l'étiquette ne comporte aucune mention spéciale, il s'agit d'un jurançon moelleux. Les automnes généralement secs de l'aire d'appellation favorisent en effet la méthode du passerillage sur souche : on laisse les grains sécher sur le cep, ce qui n'est possible que lorsque l'automne est ensoleillé et suffisamment frais pour écarter les risques de pourriture. La récolte a lieu environ un mois après la date de maturité des grains, et parfois davantage, puisqu'il n'est pas rare de vendanger le petit manseng jusqu'au milieu du mois de novembre lorsqu'on veut élaborer un moelleux. Le raisin destiné aux vins blancs secs est, lui, récolté à la date normale.

J'ai déjà indiqué que le taux de sucres résiduels peut varier beaucoup. La moyenne se situe entre 50 et 70 grammes de sucre par litre, mais ce chiffre dépasse parfois 100 grammes ! De toute façon, le jurançon moelleux est un vin rare et recherché : c'est la raison pour laquelle on le trouve fréquemment conditionné en bouteilles de 50 centilitres.

LE CÉPAGE PETIT MANSENG

Ce cépage blanc se caractérise par des raisins à la peau épaisse : c'est précisément ce qui assure sa résistance à la surmaturation et le prédestine à l'élaboration de vins moelleux.

Assez peu répandu, le petit manseng, qu'on appelle aussi « petit mansenc » ou « manseing », couvre environ un millier d'hectares dans le Sud-Ouest de la France, et à peu près autant en Uruguay. Il n'existe dans nul autre vignoble. En France, deux appellations contrôlées, le jurançon et le pacherenc-du-vic-bilh, sont élaborées avec ce cépage très original, dont les faibles rendements garantissent des vins de belle concentration. Il peut être travaillé seul, ou associé au gros manseng, dont les baies sont plus grosses, ou même au courbu et à l'arrufiac (pour l'appellation pacherenc-du-vic-bilh).

Le petit manseng affectionne les sols graveleux et les terres assez profondes comportant des cailloux roulés. Il préfère les climats plutôt frais ; c'est pourquoi on le taille d'ordinaire en vignes hautes, appelées « hautains », qui correspondent à peu près à la hauteur d'un homme. En favorisant la ventilation des ceps, ce choix permet aussi de lutter contre le froid.

LA DÉGUSTATION ••

L'ŒIL

Le vin arbore une robe jaune or paille, avec des reflets brillants. Il est limpide, scintillant. Le disque est épais. Le vin présente une belle viscosité et une capillarité abondante : l'aspect visuel témoigne de sa concentration en sucre.

LE NEZ

Liée à la surmaturité des raisins, la séduction olfactive est immédiate, et le nez paraît d'emblee tres expressif. Des parfums intenses de fruits dominent la première impression ; on y reconnaît le coing et la pomme puis, dans un second temps, des arômes d'agrumes – l'ensemble paraît légèrement citronné – et d'ananas.

La deuxième phase est marquée par l'apparition de parfums plus confits, qui évoquent souvent la pâte de coing. Les épices, la cannelle en particulier, se manifestent ensuite, bientôt relayées par des notes empyreumatiques qui rappellent la noisette grillée, parfois accompagnée d'autres fruits secs.

Les touches balsamiques varient en fonction de l'élevage : si le vin a séjourné en fût, il exhale des parfums boisés et vanillés ; sinon, on y trouve fréquemment des notes de cire d'abeille assez proches de l'encaustique.

Enfin, à un stade ultime de la dégustation, apparaissent des notes florales inattendues. L'acacia est presque toujours présent. Mais il s'assortit, lorsque le jurançon est âgé d'au moins cinq ou six ans, d'un parfum de truffe blanche très caractéristique qui apparaît après les arômes de fruits et constitue le signe distinctif du jurançon dans sa plénitude.

Intenses et complexes, les parfums du jurançon ne se teintent d'aucune lourdeur : ils évoquent au contraire fraîcheur acidulée et légèreté aérienne.

LA BOUCHE

Si l'attaque est franche, le vin joue d'emblée sur la douceur caressante. L'équilibre du corps doit être parfaitement réussi. L'alcool – dont le taux varie de 12° à 16° – rend le vin chaleureux, mais non brûlant. Le sucre, preuve de la maturité des fruits, donne la rondeur et le volume, sans rien de pâteux. L'acidité, enfin, apporte la fraîcheur et des notes aériennes seules susceptibles de contrebalancer l'alcool et le sucre. Si je devais « dessiner » le goût du jurançon sur un schéma, j'imaginerais une sphère hérissée de quelques pointes d'acidité fort bienvenues. La finale, quant à elle, témoigne de la minéralité du terroir de l'appellation, et se pare d'une touche truffée.

Longueur : 6-7 caudalies.

LES VINS BLANCS LIQUOREUX

Les vins blancs liquoreux sont obtenus à partir d'une vendange très mûre atteinte d'un champignon, le *botrytis cinerea*, que l'on appelle couramment la « pourriture noble ». Cette particularité n'intervient que dans des régions où l'humidité de l'automne permet le développement de foyers de *botrytis*. Idéalement, le vignoble est exposé à des brumes matinales et à un bel ensoleillement au cours de la journée : on assiste donc, à la fois, à l'apparition de la pourriture noble et à un dessèchement partiel des baies sur le pied. Au moment de la récolte, les raisins font l'objet de tries successives car les grappes ne sont pas uniformément atteintes, et plusieurs passages sont nécessaires.
Ces particularités climatiques existent dans plusieurs régions du monde. En France, trois zones permettent d'élaborer des vins liquoreux : l'Alsace, où l'on produit avec les cépages gewurztraminer, riesling, muscat et pinot gris des vins « sélection de grains nobles » ; sur les bords de Loire, où aucune mention particulière sur l'étiquette ne distingue les liquoreux parmi les vins issus de chenin ; dans le Sud-Ouest, enfin, où se produisent les fameux liquoreux du Bordelais, sauternes en tête, et quelques autres vins, comme le monbazillac. La technique existe aussi à l'étranger. On élabore

des liquoreux dans de nombreux pays, notamment en Autriche, en Allemagne, aux États-Unis, en Australie, en Afrique du Sud et, bien sûr, en Hongrie, l'un des producteurs les plus illustres de ce type de vins.

La méthode est exigeante ; elle demande un tri précis des grains au moment de la vendange pour obtenir des moûts extrêmement concentrés, qui comptent de 300 à 400 grammes de sucre par litre. La fermentation des jus commence normalement, mais elle est naturellement arrêtée par la saturation en sucre. Le titrage en alcool, dans le vin terminé, est assez variable, mais avoisine généralement les 14°. La quantité de sucres résiduels peut également montrer de grandes différences. Je considère pour ma part que l'équilibre classique est atteint avec 14° d'alcool et 90 grammes de sucres résiduels par litre. Encore faut-il tenir compte de l'acidité générale du vin, qui modifie notre perception générale. J'aime à citer les liquoreux allemands, par exemple, qui peuvent contenir un fort taux de sucres tout en gardant des allures très aériennes grâce à leur acidité élevée. Et puis, j'aime le bruit des liquoreux : quand les vins blancs secs paraissent cristallins, les liquoreux émettent des sons plus graves et plus sourds. Comment alors ne pas céder à leur charme et leur raffinement ?

CÉPAGES SÉMILLON, SAUVIGNON, MUSCADELLE AOC SAUTERNES

J'ai déjà eu à plusieurs reprises l'occasion de dire tout le bien que je pensais de l'appellation sauternes, qui offre aux amateurs des vins blancs liquoreux tout à fait exceptionnels. Parce que le sauternes est un vin rare, voire inexistant certaines années lorsque le climat s'est montré trop défavorable pour en autoriser la production, on n'a guère le loisir d'en goûter souvent. Heureusement, il s'agit aussi d'un vin de garde, que beaucoup conservent amoureusement dans leur cave en attendant le jour de fête qui leur permettra de le savourer entre amis.

Le sauternes, d'ordinaire, ne s'apprécie pas dans sa jeunesse. La dégustation d'un sauternes de moins de cinq ans n'est donc pas destinée à faire apprécier le vin dans sa maturité, mais à faire comprendre quels éléments appartiennent à la nature même du vin – et resteront présents tout au long de sa vie –, et quels autres se modifient insensiblement au fur et à mesure.

Voilà pourquoi je propose, avec cet exercice, d'essayer de faire percevoir le potentiel de garde des sauternes en établissant une comparaison entre un vin jeune, de moins de cinq ans, et un autre, évolué, de plus de vingt ans. Dans ce genre d'exercice, le plaisir esthétique est très important. Il faut donc prendre le temps de carafer les deux vins pour profiter de leur robe, et choisir des verres particuliers, un peu évasés. La maîtrise des températures est, elle aussi, importante.

Cette comparaison entre deux sauternes peut être organisée assez facilement, mais elle demeure coûteuse. Il faut donc bien profiter de cet exercice qu'on risque de ne pas pouvoir renouveler très souvent. Je ne crois pas qu'il soit judicieux d'accompagner cette leçon d'un repas. En revanche, on peut utilement préparer, aux côtés des verres, quelques éléments qui serviront de rappels gustatifs et aideront l'apprenti dégustateur : un peu de fleur d'oranger, un bâton de cannelle, un pot de miel, quelques pralines grillées, dont on retrouvera les arômes dans l'un ou l'autre des vins dégustés. Il ne reste plus qu'à tomber sous le charme de ces sauternes subtils et élégants.

REPÈRES

L'APPELLATION SAUTERNES

Situé au sud-est de Langon, dans la région bordelaise, le vignoble de Sauternes s'étend sur moins de deux mille hectares à proximité du confluent de la Garonne et d'une petite rivière, le Ciron. La présence d'eau est évidemment essentielle pour permettre la formation de ces fameuses brumes matinales qui, au cœur de l'automne, favorise l'apparition du *botrytis cinerea*. La production de liquoreux dans cette région est ancrée dans la tradition, et les sauternes ont fait l'objet d'un classement dès 1855, en même temps que les grands médoc. Aux côtés du Château d'Yquem, considéré comme exceptionnel, on distingue encore aujourd'hui trois niveaux d'appellation.
Après le pressurage, les vins sont fermentés sans macération dans des fûts de chêne neuf, avant d'être vieillis en fût pendant au moins trois ans.

LES CÉPAGES SÉMILLON ET SAUVIGNON

Typique du Sauternais, le sémillon, que j'ai déjà évoqué (voir p. 68), occupe la place de référence dans l'élaboration des grands liquoreux. L'épaisseur naturelle de la peau du raisin permet en effet le développement de la « pourriture noble » sans faire éclater les grains eux-mêmes. La pulpe se trouve ainsi protégée jusqu'au moment de la récolte, qui s'organise en passages successifs.
Le sémillon représente généralement les neuf dixièmes de l'assemblage d'un sauternes. Le complément est assuré majoritairement par du sauvignon (voir p. 24) et, en toute petite quantité, de la muscadelle.

TEMPÉRATURE DE DÉGUSTATION

7 ° à 8 °C pour le jeune sauternes
12 °C pour le plus âgé

LES BONS ACCORDS

sauternes jeune
Foie gras poêlé ou en terrine
Médaillons de veau aux champignons
Canard à l'orange
Ris de veau en sauce crémée
Tarte au citron
Sorbets de fruits exotiques

sauternes évolué
Je recommande plutôt de profiter du vin seul.

PRIX

€€€ à €€€€€ (*sauternes jeune*)
€€€€ à €€€€€€ (*sauternes évolué*)

LA SÉLECTION

Château Raymond-Lafon
Château d'Yquem
Château Gilette
Château Lafaurie Peyraguey
Château Rieussec
Château de Fargues

SAUTERN
EAU DE
SAUTERN
1993
UTEILLE A

CÉPAGES FURMINT, HÁRSEVELÜ TOKAJI ASZÚ *3 et 6 puttonyos Hongrie*

Produit dans le nord-est de la Hongrie, le tokaji, souvent appelé le « tokay de Hongrie », appartient à ces vins liquoreux de réputation internationale. Une réputation absolument méritée, tant il est vrai qu'un tokaji peut se révéler charmeur, voire envoûtant. C'est à l'occasion d'un voyage à Budapest pour la Sopexa que j'ai eu le plaisir de faire l'une de mes plus belles dégustations de tokaji : j'en garde le souvenir ébloui d'un nectar de roi, servi dans une cave de Buda où régnait un bel esprit festif.
S'il s'agit d'apprendre à reconnaître – et à apprécier – ce vin issu de raisins botrytisés, il importe de donner à son propos quelques précisions. Attention, tout d'abord, à la confusion avec l'ancien nom du pinot gris d'Alsace qu'on appelait tokay : les deux vins n'ont rien à voir ! Et puisque le tokaji aszú est un vrai liquoreux, la tentation est grande, bien sûr, de le rapprocher des vins français du Sauternais, dont nous sommes généralement plus familiers. En réalité ces produits diffèrent plus qu'ils ne se ressemblent, tant par leur cépage que par la méthode de vinification. De plus, les tokaji peuvent présenter entre eux de grandes différences, en particulier quant à la quantité de sucre qu'ils contiennent. Ces distinctions sont d'ailleurs indiquées sur les étiquettes, où se trouve la mention de « puttonyos », une unité de mesure dont l'échelle va de 3 à 6.
C'est pourquoi j'ai choisi de faire découvrir le tokaji au travers de deux exemples assez différents. Cela peut sembler difficile mais permet, à plus long terme, de cerner plus précisément les caractéristiques de l'appellation. Je conseille donc, pour cette leçon, de goûter un « 3 puttonyos » et un « 6 puttonyos ». Pour que l'exercice de comparaison puisse être valide, il faut impérativement choisir deux vins de même millésime, servis à la même température. L'idéal serait de se procurer des vins âgés d'une dizaine d'années. La mise en œuvre d'une telle dégustation n'est pas simple, car il s'agit de vins étrangers assez coûteux. Mais l'effort en vaut la peine, puisqu'il permettra à l'amateur de découvrir l'une des légendes de la viticulture mondiale.

REPÈRES

TEMPÉRATURE DE DÉGUSTATION

10 °C environ pour les deux vins

LES BONS ACCORDS

Un tokaji 3 puttonyos peut accompagner tout un repas, avec par exemple du veau aux agrumes ou une volaille à la crème. Le 6 puttonyos, lui, est plutôt réservé aux desserts. Mais je l'aime aussi avec une tourte au roquefort, ou avec des morceaux d'agrumes confits qui permettent d'équilibrer le côté envoûtant du vin.

PRIX

€€€ *(pour le 3 puttonyos)*
€€€€€ *(pour le 6 puttonyos)*.

LA SÉLECTION

Château Megyer
Oremus
Château Dereszla
Disznoko
Szepsy Istvan

LA MÉTHODE D'ÉLABORATION

Depuis le XVIIe siècle, la Hongrie produit des tokaji selon une méthode tout à fait originale. La vendange se fait en deux temps. On commence par récolter une partie des raisins mûrs, dont on va tirer un vin blanc sec. Dans un deuxième temps, les grains demeurés sur les ceps sont touchés par le *botrytis* ; ceux-là, dénommés aszú, sont récoltés à leur tour et vinifiés séparément. Écrasés avec la peau, ils forment une pâte que l'on laisse macérer dans une petite hotte, le « puttonyos », contenant environ vingt-cinq kilos de pâte de raisin. Quelques jours plus tard, on verse cette pâte extrêmement riche en sucres dans le vin de base sec. Le nouveau produit est ensuite élevé longuement en fûts.
L'originalité de cette méthode permet de définir très exactement le type de vin que l'on veut obtenir : que l'on ajoute trois puttonyos, et le vin ne sera que modérément doux ; mais qu'on en ajoute quatre, cinq ou six, et l'on obtient un liquoreux de plus en plus concentré. On peut même aller au-delà de six puttonyos pour produire un élixir du nom d'« escenzia », plus proche de la liqueur que du vin.

LES CÉPAGES

Trois cépages entrent dans l'assemblage d'un tokaji : le furmint, toujours majoritaire, est associé à l'hársevelü et au muscat de lunel.
Typiquement hongrois, le furmint, qu'on nomme « sipon » en Slovénie, est aujourd'hui emblématique de la production de cette région du monde. Son nom viendrait, à l'origine, de « froment », attirant l'attention sur la belle couleur paille dorée des raisins à maturité. L'une des caractéristiques de ces grains tient à l'épaisseur de la peau, qui en fait des candidats parfaits à la « botrytisation », et donc à la production de liquoreux. Le furmint affectionne les sols volcaniques et les climats doux et humides. Rien d'étonnant donc à ce qu'il ait élu domicile en Hongrie, sur les pentes des Carpates, et dans d'autres secteurs d'Europe centrale, en Slovaquie et en Slovénie, ou bien encore en Autriche.
On produit, à base de ce cépage, des vins secs d'un intérêt moyen ; mais surtout, on l'associe à l'hársevelü, un cépage limité à la Hongrie (il est presque inexistant ailleurs) dont le nom signifie « fleur de tilleul ». C'est l'hársevelü qui, dans l'assemblage, apportera des notes florales légèrement épicées d'une grande complexité. Parfois associés à du muscat de lunel, furmint et hársevelü donnent des liquoreux généreux, capiteux, mais équilibrés par une acidité suffisante.

LES VINS BLANCS EFFERVESCENTS

La production de vins effervescents concerne de nombreux vignobles dans le monde : en France, en Espagne – avec les cava –, en Italie dans la région milanaise, en Allemagne – avec les sekt –, en Autriche, aux États-Unis, dans la Napa Valley surtout, et en Afrique du Sud, où l'on trouve des vins effervescents sous la dénomination de Cape Classic.

Les vins effervescents donnent toujours lieu à une dégustation particulière, car la présence de dioxyde de carbone, qui joue le rôle d'élément fédérateur, tend à compliquer l'approche gustative. Le dioxyde de carbone est le résultat naturel de la fermentation alcoolique nécessaire à l'élaboration de ces vins. Le principe de tout vin effervescent consiste donc à emprisonner les bulles correspondant à la présence de gaz.

L'idée même de vin effervescent est très ancienne. En France, elle trouve son origine non en Champagne, comme on pourrait le supposer, mais dans le Sud-Ouest et le Languedoc où les vins effervescents de Gaillac et de Limoux sont de provenance ancestrale.

Il existe, pour obtenir des effervescents, différentes méthodes. La plus ancienne, dite « méthode ancestrale », et dont on ne sait dater exactement l'origine, consiste à emprisonner simplement le dioxyde de carbone de la fermentation. Autrefois, les vins étaient mis en bouteilles après l'apparition des premiers froids, alors que la fermentation n'était pas encore terminée. Au printemps, avec l'élévation de la température ambiante, les vins finissaient de fermenter en dégageant du dioxyde de carbone qui restait enfermé dans la bouteille. Les résultats obtenus demeuraient très irréguliers, car on ne contrôlait pas la pression à l'intérieur de la bouteille.

La méthode gaillacoise reprend l'idée de la méthode ancestrale : on fait

fermenter les moûts en cuve, puis on refroidit, avant de mettre en bouteilles et de faire refermenter. On élabore ainsi le crémant de Die ou un vin de la vallée du Rhône, le saint-péray mousseux, ainsi que de nombreux crémants – ceux de Loire, de Bourgogne ou d'Alsace étant les plus célèbres.
La deuxième méthode est connue sous le nom de « méthode champenoise ». Elle s'appuie sur les idées développées au XVIIe siècle en Champagne par Dom Pérignon, et exige, pour réussir, de travailler avec un vin de base doté d'une belle acidité. Il s'agit de maîtriser intégralement le processus de fermentation en laissant s'opérer, dans un premier temps, la fermentation totale du vin de base, puis en provoquant une nouvelle fermentation ayant pour rôle de développer du dioxyde de carbone de manière maîtrisée. La seconde fermentation, qui a lieu en bouteille, est déclenchée par l'ajout au moment de la mise en bouteille d'une « liqueur de tirage » composée de sucres et de levures. On doit alors attendre au moins une année, et souvent davantage, pour que le processus de refermentation soit totalement terminé. On obtient d'ordinaire, par cette méthode, des bulles plus fines et plus régulières.
On procède ensuite au « dégorgement ». Alors que les bouteilles sont jusque-là stockées « sur lattes » – c'est-à-dire posées à l'horizontale sur des lattes –, on les dispose « sur pointe » : elles sont inclinées, bouchon vers le bas, pour obliger le dépôt constitué des levures mortes à se rassembler près du bouchon. On passe le col de la bouteille dans un bain à -18 °C, ce qui a pour effet de transformer le dépôt en glaçon que l'on fait facilement glisser pour l'éliminer. On complète ensuite le liquide qui manque dans la bouteille par une « liqueur d'expédition » qui contient du vin vieux et du sucre, et dont le dosage varie selon le vin que l'on souhaite obtenir, du doux au brut.

CÉPAGES CHARDONNAY, PINOTS NOIR ET MEUNIER AOC CHAMPAGNE

comparaison de deux champagnes millésimés

Le but de cet exercice consiste à comparer deux champagnes millésimés issus du même domaine, dans deux années différentes : pour que l'exercice ait du sens, il est en effet indispensable d'organiser une dégustation de vins comparables.
La plupart du temps, le champagne n'a pas vocation à vieillir : c'est un vin de fête et de plaisir partagé qui bénéficie d'un traitement à part dans une cave de particulier. J'ai pourtant eu de nombreuses occasions d'éprouver d'excellentes surprises en ouvrant un champagne millésimé d'un certain âge : le vin subit une vraie transformation avec le temps, dont il faut bien sûr tenir compte, mais il acquiert aussi une grandeur et un attrait spécifiques.
Pour cet exercice, je recommande de prêter une grande attention à plusieurs détails. Le verre, d'abord, devra être une flûte ou, mieux encore, un verre tulipe classique : la coupe en effet, si elle fait bel effet sur la table, est trop évasée pour le champagne et rend les bulles très éphémères. Dans un verre plus allongé, on profite des bulles, de la mousse et, bien sûr, de la concentration des parfums. Attention aussi à la température de service. Essayez donc de remplir une flûte avec un champagne à température ambiante : le verre est plein de mousse ! À une température de 8 °C, la mousse est bien maîtrisée, ce qui a une réelle influence sur la dégustation. Je conseille aussi de prendre garde au lavage des flûtes : peut-être plus encore que les autres vins, le champagne est sensible aux traces éventuelles de produits lessiviels sur un verre. Il est donc impératif de rincer les flûtes à l'eau claire, en particulier si l'on veut profiter du « bruit » des bulles : car le champagne fait délicieusement entendre le crissement du gaz carbonique récemment libéré.

LES VINS
DOUX NATURELS
LES VINS
DE LIQUEUR
LES VINS
DE GLACE
LES VINS DE PAILLE
LES VINS DE VOILE

Il s'agit dans ce chapitre de vins qui, aux côtés des classiques, sont nés des expériences et des recherches menées, au fil des siècles, par des vignerons, le plus souvent anonymes, qui ont mis au point telle ou telle méthode d'élaboration. Ces vins échappent aux classifications traditionnelles qui ont coutume de distinguer blancs, rouges et rosés, ou encore effervescents et vins tranquilles. Les méthodes qui permettent leur élaboration appellent des gestes particuliers soit au moment de la vendange, soit au cours de la vinification. J'ai donc réuni ici les vins qui sont issus de vendanges particulières, comme les vins de glace par exemple, ceux qui sont élaborés à partir de grains de raisin séchés, comme les vins de paille, ainsi que ceux qui sont travaillés d'une manière spécifique au cours de la vinification ou de l'élevage. Pour chacun d'entre eux, je reviendrai sur la méthode, mais l'essentiel est de ressentir, lors de la dégustation, l'extrême diversité de ces vins, et la richesse exemplaire qu'ils ajoutent au monde des produits vinicoles.

CÉPAGE MUSCAT AOC MUSCAT-DU-CAP-CORSE

Le nom de muscat évoque irrésistiblement les parfums de l'été. Étymologiquement, il pourrait venir du mot « musc », qui rappelle les senteurs musquées des grains de raisin et leur indéniable sucrosité, source d'attrait pour les petits volatiles. Il ne faut pas confondre pourtant le muscat qu'en Alsace on vinifie en vin blanc sec (voir p. 32) de celui qui, dans les pays de soleil, sert à élaborer ces vins doux mutés que sont traditionnellement les muscats.

Avec cette leçon, je vous propose de partir à la découverte des qualités propres au cépage typiquement méditerranéen, à travers l'exemple d'un muscat-du-cap-corse. J'aime beaucoup cette appellation – dernière-née en 1993 dans la famille des muscats français – qui trouve place dans une région sauvage et attachante que je connais bien. L'un de mes grands plaisirs lorsque je vais à Luri à l'occasion de la fête des vins consiste justement à déguster avec mes amis l'un de ces savoureux muscats accompagné d'un « fiadone » parfumé au cédrat.

Pour apprécier les qualités de ce muscat très aromatique, le mieux est de s'en tenir à un vin plutôt jeune. Bien entendu, le muscat-du-cap-corse peut se permettre de vieillir, et il m'est arrivé d'en goûter certains qui avaient atteint leurs dix ans sans souffrir : le vin gagne alors en complexité, mais sa fraîcheur est moins perceptible. Au contraire, un muscat jeune d'un an ou deux séduira tous les palais par sa trame aromatique aisément reconnaissable et sa bouche fraîche et désaltérante.

CÉPAGE GRENACHE NOIR AOC RASTEAU *type rancio*

Au travers de cette leçon, je cherche à atteindre un objectif multiple. D'une part, je souhaite présenter le cépage grenache, qui m'est cher, par le biais d'une appellation un peu méconnue. D'autre part, je veux faire comprendre aux amateurs ce qu'on appelle un type « rancio », par opposition au type « vintage » que je développerai dans l'exercice suivant. Il s'agit donc de savoir en quoi consiste un rancio, mais aussi d'apprendre à reconnaître lors de la dégustation les caractéristiques spécifiques de ce genre de vin.
Il est impératif, à ce stade de la présentation, de préciser de quel rasteau il est question ici : un vieux rasteau, vinifié avec une approche de type rancio, est un vin élevé en milieu oxydatif. Le vigneron place le vin dans des fûts en légère vidange pour favoriser une oxygénation maîtrisée du vin. En provoquant, de cette manière, une oxydation sans excès, il fait évoluer le vin qui se sature en oxygène et se teinte d'un style particulier. Dans une approche de type vintage, au contraire, le vin est soigneusement conservé à l'abri de l'air.
Généralement, l'étiquette d'un vin de ce type ne comporte pas de mention du millésime, mais l'indication « rancio » est toujours présente. Les rasteau rancio se présentent le plus souvent dans des bouteilles claires, ce qui permet de les distinguer des vintage conditionnés en flacons très sombres. Il existe également des rasteau simples, vins doux naturels vinifiés de façon traditionnelle.
Le degré d'alcool d'un rasteau type rancio avoisine les 17°, et le vin compte environ 110 grammes de sucre.
Je conseille d'accompagner cet exercice de dégustation de quelques éléments à « picorer » qui permettront de mettre en valeur les différents arômes du vin. On peut ainsi disposer, à proximité des verres, un bâton de cannelle, quelques grains de café torréfiés et des fruits secs variés qui favorisent la reconnaissance du cépage et de la vinification.

REPÈRES

L'APPELLATION RASTEAU

Cette appellation de la vallée du Rhône se trouve dans les limites du département du Vaucluse, à une dizaine de kilomètres de Vaison-la-Romaine, sur les communes de Rasteau mais aussi Cairanne et Sablet, où la tradition des vins doux naturels est fort ancienne.

Les vins de rasteau sont issus essentiellement de grenache, au minimum 90 % de l'assemblage. Le complément, 10 % au maximum, peuvent être des cépages de l'appellation côtes-du-rhône. L'appellation rasteau ne produit que des vins doux naturels, déclinés en blanc, rosé, rancio et vintage.

LE CÉPAGE GRENACHE

Cépage typiquement méditerranéen, le grenache est originaire d'Espagne (où il se nomme « garnacha » ; on le trouve ausssi sous le nom de « cannonau » en Sardaigne). Il se décline en blanc, en noir et en gris. En noir, comme ici, il entre dans la composition de nombreux vins doux naturels, mais donne aussi des rouges classiques, chaleureux, denses et capiteux, comme à Châteauneuf-du-Pape (voir p. 64) où il entre dans la composition de l'appellation dans des proportions parfois importantes.

On trouve du grenache un peu partout dans le monde ; cependant, c'est en France surtout qu'on l'emploie à l'élaboration de vins doux : rasteau, bien sûr, mais aussi maury, rivesaltes ou banyuls (tous en appellations contrôlées). Il existe par ailleurs des vins doux à base de grenache en Espagne. Le nom du cépage, d'ailleurs, vient de la province d'Aragon.

Le grenache aime les climats chauds de type méditerranéen et préfère les sols maigres et caillouteux qui limitent naturellement son rendement : en terre plus fertile, le cépage a tendance à perdre de sa densité. Le grenache est également planté avec beaucoup de réussite sur les terroirs schisteux, comme à Banyuls par exemple.

TEMPÉRATURE DE DÉGUSTATION

de 12 à 14 °C (température de cave)

LES BONS ACCORDS

Foie gras poêlé, accompagné d'un pain aux fruits secs

Fromages : comté, éventuellement fromage persillé accompagné d'un pain aux noix

Desserts au cacao, au café, aux fruits secs

PRIX

€€

LA SÉLECTION

Domaine de La Soumade

Domaine Bressy-Masson

Cave de Rasteau

Domaine des Escaravailles

Domaine Wilfried-Cave Émile Charavin-Pouzoulas

LA DÉGUSTATION ••

L'ŒIL

La dégustation d'un rasteau doit amener l'amateur à prêter attention à un certain nombre de signes pour distinguer la vinification en rancio. La robe, d'abord, est mordorée et transparente, et peut faire penser à un vin déjà évolué. Cette oxydation de la pigmentation colorante est assez classique, et correspond pour les portos à la dénomination « tawny » qui signifie roux doré : on dit alors que la couleur « se dépouille ».
La capillarité est abondante, les larmes sont marquées et régulières.
Le disque est épais, le vin très brillant.

LE NEZ

Très aromatique, le nez est dès l'abord marqué par une dominante de fruits secs, de notes torréfiées et d'épices. On y reconnaît la noisette et l'amande grillées, parfois la noix, ainsi que le pruneau. Le café et le cacao constituent des notes de torréfaction classiques. Les arômes d'épices évoquent un marché oriental, et sont dominés par la cannelle et le santal.

LA BOUCHE

Franche, ample, assez généreuse, la bouche trouve aisément son équilibre, fondé sur un rapport réussi entre sucre et alcool, auquel s'ajoute une pointe tannique particulière très bienvenue.
Au niveau des arômes, les fruits frais ont tendance à disparaître au profit des parfums de fruits macérés et de fruits à l'eau-de-vie. L'arôme de noix, très typique des vins élaborés en milieu oxydatif, tend à prendre de l'importance. En fin de bouche, apparaissent le côté torréfié du cacao et les parfums identifiés au nez, mais c'est la texture suave, chaleureuse et veloutée, et la sensation spiritueuse qui séduisent le palais : n'oublions pas que le titre en alcool d'un rasteau avoisine généralement les 17 ou 18°, et peut atteindre 20 ou 22°.
Longueur : 6 à 7 caudalies.

CÉPAGES TINTA RORIZ, TOURIGA NACIONAL PORTO VINTAGE *Portugal*

Le problème, ici, diffère grandement de celui évoqué dans l'exercice précédent. Avec un porto, l'appellation est connue, fort célèbre même. Reste que l'appréciation du produit dépend et de l'assemblage, qui compte parfois une quarantaine de cépages différents, et de la méthode de vinification.
La leçon consistera donc à cerner le style de ce vin doux naturel élaboré comme un vin traditionnel, mais avec un niveau d'alcool de mutage et de sucres plus élevé que d'ordinaire. Par ailleurs, la notion de « vintage » est importante dans cet exercice : le vin, lors de la première approche, ressemble davantage à un vin rouge qu'à un vin doux naturel.
Les portos vintage sont tous millésimés. On choisira ici un vin d'une dizaine d'années, en sachant qu'il se trouve à ce moment-là au début de son évolution, et qu'un porto vintage peut atteindre plusieurs décennies sans souffrir, lorsque l'année le permet. Il serait bien dommage, donc, de se livrer à cette leçon avec un produit plus jeune, qui serait loin de présenter les atouts qu'on peut attendre d'un vin plus âgé.
Et pour que la fête soit parfaite, on peut se conformer à la cérémonie de l'ouverture « à la pince », qui consiste à provoquer un choc thermique dans le goulot de la bouteille pour emprisonner le bouchon. C'est de cette manière que j'ai servi un porto vintage 1970 à la Confédération brésilienne de football lors de la Coupe du monde 1998 en France.
Pour profiter vraiment d'un porto vintage, je conseille de le carafer : cette précaution favorise l'oxygénation, ce qui est très utile pour apprécier le spectre aromatique du vin et sa couleur. D'autre part, le carafage permet d'éliminer le dépôt contenu dans la bouteille, toujours important dans un vin vieux de dix ans ou plus, et de présenter ainsi un vin limpide. Le porto, une fois décanté, ne doit pas être remis dans sa bouteille d'origine et doit donc être consommé sur le champ ; de toute façon, le vintage, au contraire des autres vins doux naturels, ne se conserve pas après l'ouverture de la bouteille.

CÉPAGE UGNI BLANC *majoritaire* AOC PINEAU-DES-CHARENTES

L'exercice, ici, consiste à tenter de retrouver sur le plan gustatif les signes de l'approche technique qui a permis l'élaboration d'un vin classé VDL, abréviation qui désigne les vins de liqueur, appelés aussi vins de mistelle. La méthode, ici, est différente de celle employée pour les vins doux naturels, et peut être repérée à la dégustation grâce à quelques caractéristiques que je me propose de détailler en prenant l'exemple d'un pineau-des-charentes.

Bien entendu, il existe plusieurs types de pineau : on compte par exemple quelques pineau rosés, élaborés avec du cabernet-sauvignon, du cabernet franc, du merlot et du malbec, qui peuvent passer trente ou quarante ans en fût, en bonbonne ou en cuve avant d'être mis en bouteilles. Pour plus de commodité, je suggère ici de s'en tenir à un pineau-des-charentes blanc ayant passé cinq ans environ sous bois. Cette information d'ailleurs n'est pas toujours facile à connaître, car l'étiquette ne porte aucune mention de millésime.

L'une des meilleures manières de juger un pineau consiste à déguster alternativement un pineau blanc et un cognac classique : en comparant leurs composantes aromatiques, en passant de l'un à l'autre, on enrichit sensiblement la dégustation et, surtout, on y retrouve une logique gustative bien utile à la compréhension de l'ensemble.

REPÈRES

L'APPELLATION PINEAU-DES-CHARENTES

Pour élaborer le vin de base, on a d'abord recours aux mêmes cépages que pour un cognac : l'ugni blanc, que l'on appelle localement le saint-émilion-des-charentes, est ici dominant, secondé par la folle blanche, le colombard et d'autres cépages moins bien représentés. On utilise, pour le mutage, des cognacs d'un an ou deux. Le vin muté est en général conservé une année avant sa commercialisation, sauf lorsqu'il s'agit de types spéciaux, comme le pineau rosé vieux.

L'ÉLABORATION DES VINS DE LIQUEUR

Comme les vins doux naturels (voir p. 124 à 141), les vins de liqueur sont des vins mutés. Cependant on les obtient par mutage directement sur les moûts, et parfois même sur les grains, avant toute fermentation : on bloque le départ de celle-ci en ajoutant une eau-de-vie de vin et non, comme dans le cas des vins doux naturels, un alcool neutre rectifié. Cette eau-de-vie de vin, dans le cas du pineau, n'est autre que du cognac (qui, s'il n'était utilisé pour ce mutage, aurait droit à l'appellation cognac). Un tel ajout sur des moûts frais a pour effet le blocage des levures, et la conservation complète des sucres contenus dans les grains. En amont, on a procédé à une vendange classique, sans recherche particulière de surmaturité ou de dessèchement des grappes. La concentration des jus en sucres naturels dépend bien sûr des millésimes, mais le vin de base, dans une région comme les Charentes, présente d'ordinaire des degrés modérés. Pour donner un ordre de grandeur, il faut savoir que 10° d'alcool correspondent environ à 170 grammes de sucre. Une fois l'eau-de-vie ajoutée, le produit atteint généralement 17 ou 18° d'alcool.

Il existe, en France, plusieurs vins classés en VDL : le pineau-des-charentes, élaboré avec du cognac ; le floc de gascogne, avec de l'armagnac ; le ratafia de champagne, avec du marc de Champagne ; le ratafia de bourgogne, avec du marc de Bourgogne ; le macvin du jura, avec du marc de Franche-Comté. La carthagène, spécialité du Languedoc, leur est apparentée. Malgré son nom, il semble que ce vin de liqueur n'ait rien à voir avec l'Espagne, et doive sa dénomination au « gène », mot synonyme d'alcool en langue d'oc, dont il faut ajouter un quart dans un fût de vin ; le produit obtenu avec l'ajout de ce « quart de gène » serait devenu la « carthagène ».

Il semble certain en revanche que la méthode d'élaboration de ces vins est, comme souvent, née par hasard : au XVIIIe siècle, une erreur de manipulation aurait mis en contact, dans un fût mal vidangé, du cognac et du jus de raisin frais. À l'étranger, on ne connaît pas cette méthode, sinon, de façon anecdotique, dans l'île méditerranéenne de Samos, où il existe des jus de muscats traités de cette manière.

TEMPÉRATURE DE DÉGUSTATION

12-13 °C

LES BONS ACCORDS

Foie gras de canard accompagné d'un chutney de pruneaux
Fromages forts : livarot, pont-l'évêque
Desserts aux fruits secs.
Tarte aux pruneaux,
Tarte aux quetsches,
Gâteau aux amandes

PRIX

€€ à €€€

LA SÉLECTION

Patrick Pautier
Marnier Lapostolle
Tesseron J.-P. et Fils
Jean Fillioux
Philippe Rivière

LA DÉGUSTATION •

L'ŒIL

Le vin est de couleur jaune or, avec des reflets dorés et légèrement argentés, dotés de nuances paille.
Le disque est épais, la viscosité abondante, les larmes sont colorées assez dorées.
Le vin est brillant et limpide, malgré un léger voile qui ne constitue pas un défaut.

LE NEZ

Très expressif, le nez dégage ses deux origines aromatiques : on y reconnaît les fruits du moût, généralement le pruneau, la quetsche, le coing et la pomme très mûre, et les épices de l'eau-de-vie : cannelle, pruneau, violette additionnés d'une touche de clou de girofle. Si la cohabitation entre ces deux types d'arômes est bien menée, on trouve également, au nez, des parfums balsamiques même lorsque le vin n'a pas été passé en fût ! Le boisé, qui s'exprime par le biais de tannins migrants, évoque plutôt le cèdre. Les notes empyreumatiques sont présentes sous la forme de senteurs de fruits secs grillés. On trouve aussi assez fréquemment un parfum de cire et d'encaustique.

LA BOUCHE

Le vin est ample et généreux, avec un côté spiritueux assez notable. Les grands pineau sont reconnaissables à leur homogénéité, et on ne discerne aucun signe de dissociation entre le jus de raisin et le cognac. C'est cette unité qui doit être recherchée au moment de la dégustation, qui ne doit procurer aucune impression de brûlure. Au palais, on retrouve les arômes de fruits déjà perceptibles au nez, assortis d'une finale plus épicée.
Ce type de vin ne présente pas le côté confit des vins de paille, par exemple, mais leur personnalité s'exprime avec beaucoup de présence et ce sont des produits capables de se montrer envoûtants.

CÉPAGE RIESLING
RHEINGAU RIESLING *Allemagne*

Avec cet exercice s'ouvre un nouvel univers, celui des vins de glace réservés aux zones les plus froides de la viticulture mondiale. La leçon devrait aider les amateurs à comprendre, par la dégustation, la méthode d'élaboration, en particulier en apprenant à évaluer le degré d'alcool généralement faible de ces vins opposé à une sensation chaleureuse donnée par les sucres.

J'ai choisi ici un vin allemand, élaboré dans la Rheingau, et qui doit être âgé de cinq ou six ans. Plusieurs vins de glace d'origine différente pourraient tout aussi bien convenir, mais il faut se souvenir qu'il s'agit de produits rares et chers, presque toujours conditionnés en demi-bouteilles. Il faut apprendre à les connaître, car ce sont des vins d'initiés qui réclament de l'expérience et de la subtilité pour être appréciés comme ils le méritent.

Le vignoble de la Rheingau est situé le long de la rive droite du Rhin près de Mayence, entre Wiesbaden et Rüdesheim au pied du mont Taunus. C'est dans cette région viticole que l'on trouve l'un des plus illustres vignobles du pays le « Schloss Johannisberg », ainsi que le célèbre monastère d'Eberbach.

Le vin de glace est un vin élaboré à partir de raisins vendangés tardivement, passerillés et gelés sur souche. Véritable liqueur d'or, il est un rare cadeau de la nature, mais aussi, du goût du risque et de la patience. Il faut en effet des températures voisinent de -10 à -12 °C pour que le raisin gorgé de sucre puisse atteindre le bon niveau de cristallisation. La légende dit, que c'est à la fin du XVIIIe siècle en Allemagne, que surpris par des gelées prématurées et obligés de presser des baies givrées, les vignerons découvrirent incidemment cette technique.

En Autriche, on lui voue aussi un véritable culte et l'on n'hésite pas à faire sonner le tocsin en pleine nuit pour appeler la population aux vignes.

En Allemagne, à Trèves en septembre, une grande vente aux enchères rassemble des amateurs fortunés et les flacons de ce précieux nectar atteignent souvent des niveaux de prix vertigineux.

CÉPAGE SAVAGNIN *majoritaire* AOC CÔTES-DU-JURA

Le vin de paille constitue l'une des spécialités du Jura, bien que des techniques d'élaboration assez similaires existent aussi dans la vallée du Rhône, du côté de l'appellation hermitage, et à l'étranger, en particulier en Italie et en Autriche. Pour le dégustateur, la difficulté est multiple : il faut reconnaître le type de vin, mais aussi rechercher le terroir derrière l'opulence et apprécier le style au-delà de la concentration. Il s'agit donc de retrouver les marques distinctives du raisin séché et les signes de la minéralité dans un produit qui, tout en présentant une belle acidité, atteint allègrement 15° d'alcool et totalise souvent plus de 200 grammes de sucres par litre.

J'aime déguster un vin de paille après un repas, pour en profiter longuement : il faut consacrer du temps à ce produit rare. Dans le cadre d'un exercice de dégustation, on doit d'abord se familiariser avec ce vin particulier. Je conseille aux amateurs qui manquent d'expérience de commencer par une dégustation comparative en goûtant, dans cet ordre, un moelleux, un liquoreux, un vin doux naturel et un vin de paille. Pour ce dernier, ma préférence va à un côtes-du-jura pas trop évolué, âgé de cinq à dix ans : pendant cette période, le vin se trouve stabilisé et paraît suffisamment épanoui pour être apprécié.

Cependant le vin de paille demeure un vin de méditation. S'il m'arrive de lui consacrer une fin de soirée en compagnie de mes amis, j'ai un faible pour les orangettes, ces écorces confites enrobées de chocolat noir. Elles m'apparaissent comme un complément très heureux à ce vin qui, rappelons-le, exige du temps, de la disponibilité et une belle envie de refaire le monde entre amis !

REPÈRES

LA MÉTHODE D'ÉLABORATION

L'appellation côtes-du-jura emploie, pour le vin de paille, les cépages régionaux traditionnels : le savagnin, le poulsard et le trousseau, bien que le chardonnay et le pinot noir puissent s'ajouter à ceux-ci en proportion limitée. On produit du vin de paille sur les contreforts du Revermont, sur des sols assez calcaires et caillouteux. Dans le climat de montagne très frais qui est celui de cette région, la vigne n'est pas touchée par le *botrytis* et le passerillage sur pied n'est pas envisageable. Le but de la méthode du vin de paille consiste à favoriser la concentration par déshydratation après la vendange.

Le raisin est donc récolté classiquement, à maturité, mais au lieu d'être immédiatement pressé, il est entreposé dans des hangars bien ventilés et abrités. On dispose les grappes sur des claies, autrefois en paille (ce sont elles qui ont donné son nom au vin), pendant deux à trois mois. Durant cette période, le raisin se déshydrate en partie et permet d'obtenir, sans pourriture, une belle concentration des sucres. On démarre ensuite le pressurage : très dense, le moût est mis en fermentation dans de petits fûts. Les quantités obtenues au pressurage sont de l'ordre de 15 à 18 litres de jus pour 100 kilos de raisin vendangé : rappelons qu'avec un vin classique, la moyenne se situe plutôt autour de 65 litres. La fermentation commence doucement, en général vers le mois de janvier, et dure plusieurs mois, car la présence de sucres ralentit le travail des levures. Le savagnin, qui reste le cépage principal employé pour les vins de paille, s'accommode assez de ce traitement, car il présente de belles qualités aromatiques et a une bonne capacité de vieillissement.

On ne peut pas produire de vin de paille à coup sûr tous les ans, car les conditions climatiques au moment de la récolte sont déterminantes ; on s'explique mieux, ainsi, le prix élevé de ce vin très souvent vendu en demi-bouteilles.

TEMPÉRATURE DE DÉGUSTATION

12 °C

LES BONS ACCORDS

Il faut apprécier ce vin par lui-même. Seules des bouchées de mendiants aux fruits secs et au chocolat ou, comme je les aime, des orangettes, peuvent éventuellement venir compléter cette dégustation qui ne peut être qu'exceptionnelle.

PRIX

€€€€€ à €€€€€

LA SÉLECTION

Château d'Arlay
Domaine Badoz
Domaine Rollet Père & Fils
Domaine Jean Bourdy
Domaine Labet

LA DÉGUSTATION ••

L'ŒIL

De couleur très typique, la robe est vieil or, avec des reflets acajou ambré, voire brique. Le disque est très épais. On remarque beaucoup de viscosité, des larmes nombreuses et une capillarité abondante.

LE NEZ

Très intense, il s'inscrit tout de suite dans la complexité autour de notes confites. On y découvre à mesure les agrumes confits, les fruits secs, le pruneau, l'amande, la pâte de coing et la mirabelle. Le miel se montre perceptible en finale, sous forme d'un arôme de cire épicé de poivre blanc.

LA BOUCHE

Franche, la bouche paraît très vite envoûtante. La texture, riche et généreuse, met en relief la structure particulière du vin : l'onctuosité y est équilibrée par une minéralité très présente. L'ensemble, au palais, paraît très aromatique et d'une persistance exceptionnelle. Les sensations gustatives s'orientent autour des mêmes arômes qu'au nez : on retrouve les agrumes confits, auxquels s'ajoutent le pain d'épices, les fruits secs et, en finale, un zeste plein de fraîcheur, complété par une nuance de raisin sec qui rappelle la méthode d'obtention du vin de paille.

Longueur : 8 à 10 caudalies.

CÉPAGE SAVAGNIN AOC CÔTES-DU-JURA CÉPAGE PALOMINO XÉRÈS FINO *Espagne*

Les vins de voile sont des vins blancs qu'on laisse vieillir pendant plusieurs années dans des fûts partiellement remplis. C'est là toute l'originalité de la méthode, puisqu'en principe le niveau d'un fût doit être périodiquement réajusté pour éviter l'oxydation du vin. Dans le cas des vins de voile, au contraire, on se garde bien de « ouiller » (c'est-à-dire de remplir) le vin dans le fût, après évaporation partielle ; on favorise ainsi l'apparition d'une microflore microbienne qui se développe et permet de contrôler l'oxydation du vin. Cette fleur microbienne, bien visible lorsque le fût est doté de parois transparentes, constitue précisément le « voile ». Ce dernier, qui atteint deux ou trois centimètres, ne doit jamais être percé. C'est lui qui forge le vin et lui donne sa personnalité unique en maîtrisant l'oxygénation lente pendant la phase d'élevage.

J'ai trop souvent entendu dire que les vins de voile se ressemblaient tous pour résister à la tentation de proposer, pour cette leçon, une vraie dégustation comparative entre deux produits que tout rapproche – et que tant de choses distinguent. Cet exercice difficile engage l'amateur à dépasser la simple idée du vin de voile pour repérer les différences entre deux vins de cette famille. Qui veut tenter l'aventure devra orienter son choix vers un vin jaune du Jura d'une dizaine d'années – j'ai choisi l'appellation côtes-du-jura car elle couvre l'ensemble des appellations jurasiennes. Quant au xérès, jerez, sherry, il ne porte pas d'ordinaire de mention du millésime.

Autant le savoir : ce genre de dégustation n'est pas à la portée des débutants. Il faut s'y initier lentement, au fil de nombreuses années, et se laisser doucement séduire. Prenez le temps d'apprendre, laissez-vous guider, découvrez le vin jaune du Jura et le fino andalou, alternativement puis ensemble : je vous promets une satisfaction à la mesure de vos efforts.

REPÈRES

LES BONS ACCORDS

avec un côtes-du-jura

Risotto aux morilles et copeaux de parmesan

Foie gras de canard, chutney de coings et noix

Crustacés en sauce au curry doux

Veau en sauce à la crème

Volaille aux morilles

Un vieux comté

Tarte aux noix, glace à la cannelle

avec un xérès fino

En apéritif, avec des olives vertes et des amandes grillées, dans l'esprit des « tapas »

Filets d'anchois et salade de tomates

Hareng mariné

Calmars a la plancha

Gaspacho andalou

Jambon jabugo sec

Les deux vins, dotés d'un fort pouvoir d'aromatisation, conviennent aussi à la confection de sauces, à la condition d'être ajoutés au dernier moment.

LES APPELLATIONS DE VIN JAUNE DU JURA

Toutes les appellations jurassiennes ont le droit d'élaborer du vin jaune ; c'est le cas de château-chalon, l'étoile, arbois, ou côtes-du-jura. Ces vins, toujours vinifiés en sec, sont issus de cépage savagnin, qui appartient à la famille des traminer mais n'apparaît sous cette forme spécifique que dans le Jura. Les sols locaux jouent un rôle important : leurs marnes bleues confèrent aux vins une personnalité très particulière. Le cépage est également bien adapté au climat, très continental.

Le vin jaune connaît un parcours presque unique dans la viticulture mondiale : après six ans et trois mois passés sous le voile du fût, il demeure souvent plusieurs années encore en bouteille avant d'être mis sur le marché. Le résultat, quand il est réussi, constitue un vin presque indestructible, car la méthode qui a présidé à sa naissance l'a protégé pour des décennies. Il tient son nom de vin jaune de sa couleur liée au vieillissement qui favorise la concentration en pigments jaunes. Par extension, on parle de « goût de jaune ».

LE XÉRÈS TYPE FINO

Produit dans le sud de l'Espagne, en Andalousie, le xérès fino est issu du cépage palomino, qui donne des vins sans complexité dans bien d'autres régions. Mais à Jerez (ou Xérès), il croît sur des sols très calcaires et arides et bénéficie, du côté du climat, d'effluves atlantiques qui donnent aux raisins une saveur iodée très particulière. Le palomino, que l'on trouve aussi en Californie et dans d'autres secteurs du Nouveau Monde, n'exprime complètement son tempérament que dans le xérès. On lui connaît d'autres noms : alban et listan en Espagne, polo en Australie ou fransdrus en Afrique du Sud.

Sous le soleil d'Andalousie, les grappes de palomino viennent à maturité et sont récoltées de manière à donner un vin de base assez faiblement alcoolisé que l'on va élever sous voile. À partir de là, plusieurs options sont possibles, qui vont donner des vins assez différents, repérables en fonction de leur étiquette : le xérès fino – très sec –, la manzanilla di san lucar – un fino sec à caractère iodé –, l'amontillado – un fino vieilli –, le palo contado et l'oloroso – des vins à caractère moelleux –, et enfin le cream, un xérès très doux. Le xérès fino est élevé en fût pendant trois ans au minimum, souvent cinq à sept ans. Les vins sont ensuite fortifiés par un ajout d'alcool, de manière à atteindre 15,5° environ.

LA DÉGUSTATION •••

L'ŒIL

La robe est profonde, de couleur jaune or à reflets dorés, la robe du côtes-du-jura est profonde.
Le vin est limpide et brillant.
La capillarité est marquée, les larmes sont nombreuses.
Le disque est épais.

LE NEZ

Intense, puissant, très complexe, il dénote une belle personnalité. Les fruits secs dominent tout d'abord les arômes ; on reconnaît l'amande grillée et surtout la noix, caractéristique des vins élevés en milieu oxydatif. La complexité aromatique s'oriente ensuite vers les nuances de fruits légèrement confits : le coing et les zestes d'agrumes sont facilement identifiés.
Le miel, d'acacia surtout, est presque toujours présent. À cette note s'ajoute, en particulier sur les château-chalon, une touche de rose.
Les notes épicées s'expriment ensuite, accompagnées de parfum de viennoiserie, de touches légèrement balsamiques et même de senteurs truffées dans les très vieux millésimes. Une nuance de curry, spécifique aux vins jaunes du Jura, vient compléter l'ensemble.

LA BOUCHE

Au palais, le vin, très sec, commence par surprendre. L'attaque en bouche est dense, généreuse et ronde, suivie d'une transition assez douce. Le volume de départ laisse place à un côté sec et frais, presque acidulé, totalement captivant. Le corps évoque d'abord un ballon rond, une bulle complète au palais, avant de s'arrondir en un ballon ovale ; le côté sphérique du départ fait place à une bouche fraîche. On a un peu l'impression d'un toboggan : on démarre assez doucement, puis les sensations de la dégustation s'accélèrent et on ne souhaite rien d'autre que se laisser aller. Ce vin constitue à mes yeux un véritable paradoxe : on y découvre des fruits et des notes torréfiées qui pourraient faire songer à un vin liquoreux, alors qu'aucun sucre n'est présent et que l'ensemble paraît très sec. Les parfums s'expriment alors, dans une complexité inouïe : noix, agrumes, touches mellifères s'accompagnent de la minéralité exceptionnelle du terroir.
Longueur : 10 à 12 caudalies.

CÔTES-DU-JURA

TEMPÉRATURE DE DÉGUSTATION

15 °C

PRIX

€€€ à €€€€

DOMAINES

Domaine de Savagny
Fruitière viticole de Voiteur
Domaine Philippe Butin
Domaine Pierre Richard
Domaine du Tourillon

LA DÉGUSTATION •••

L'ŒIL

La robe du xérès fino, jaune paille, souvent parée de reflets or-vert, donne un vin très brillant, presque scintillant.
La capillarité est abondante, le disque épais.

LE NEZ

Expressif et relativement frais, le nez exhale des parfums de fruits secs, amande et noix en tête, auquel s'ajoutent tout de suite les notes crayeuses liées à la minéralité du terroir de Xérès. On identifie aisément les touches iodées, tandis que le côté oxydatif du vin s'exprime au travers des arômes de pomme un peu fermentée : on pense à une pomme tombée de l'arbre.
D'autres effluves, plus discrets, apparaissent ensuite : notes florales évoquant le genêt et l'acacia, fleurs légères, herbes fraîches doucement infusées, verveine et tilleul.
Le miel, l'olive verte et la résine de pin viennent compléter cet ensemble.

LA BOUCHE

Là aussi, l'attaque est franche et surprenante. La première sensation joue sur la rondeur donnée par l'alcool, mais se trouve rapidement relayée par une nuance acidulée et une expression puissante de la minéralité qui paraissent très rafraîchissantes au palais. On passe presque sans transition de l'univers de générosité à un univers plus austère, plus sec, dans lequel les parfums de noix et de craie dominent largement.
Longueur : 7-8 caudalies.

XÉRÈS FINO

TEMPÉRATURE DE DÉGUSTATION

13 °C

PRIX

€€ à €€€

LA SÉLECTION

Gonzalez Byass
Emilio Lustau
Pedro Domecq
Fino Quinta Osborne
Antonio Barbadillo

LES VINS ROSÉS

Les vins rosés ont sans doute précédé, dans l'histoire, les rouges. Il est presque certain que, dans l'Antiquité, les hommes maîtrisaient mal la macération des grappes et la fermentation des jus, ce qui les conduisait à élaborer des vins de couleur assez pâle.

Dans la France d'aujourd'hui, l'image du vin rosé reste associée au Midi, et au Sud en général. Il s'agit pourtant d'une idée très réductrice, puisqu'elle fait oublier les rosés de Loire – à Chinon, Sancerre, en Anjou –, ceux de Marsannay en Bourgogne, ceux du Beaujolais ou de la vallée du Rhône – le célèbre tavel –, ou encore ceux du Sud-Ouest ou de Corse. La Provence reste toutefois la référence historique et économique de ces vins qui, rappelons-le, constituent la plus grande part de la production de cette région.

Bien entendu, les vins rosés ne sont pas une exclusivité française : on en produit en Espagne, en Italie et dans d'autres pays méditerranéens. Il reste qu'il s'agit plutôt d'une spécificité européenne, dont le Nouveau Monde s'est tenu, pour l'instant, souvent à l'écart.

Il existe trois méthodes pour élaborer des rosés, qui toutes exigent beaucoup de soin et d'attention. La couleur, plus ou moins marquée, est obtenue à partir de jus tirés de cépages rouges.

Les rosés dits « de saignée » sont obtenus par macération courte des raisins. On laisse les moûts se colorer avant de pratiquer une « saignée » de la cuve, c'est-à-dire une séparation des jus et des peaux. On laisse ensuite les jus seuls terminer leur fermentation.

Dans les rosés obtenus par « pressurage direct », les raisins se colorent un peu pendant leur transport entre la vigne et la cave et sont ensuite pressurés assez fortement, ce qui entraîne une migration rapide des pigments, les anthocyanes. Cette macération légère, soutenue par une action mécanique, est utilisée pour les rosés de Loire et les vins gris de diverses origines ; elle donne des vins plutôt pâles.

Pour les clairets, on emploie la technique des rosés de saignée, en allongeant le temps de macération de manière à obtenir une couleur plus soutenue.

Les vins rosés ne sont donc jamais le produit d'un mélange de vins blanc et rouge ! Il existe pourtant une exception chez les vins effervescents, comme le champagne rosé ; la méthode champenoise permet en effet l'assemblage original de vins de base blanc et rouge, juste avant la seconde fermentation en bouteilles.

CÉPAGE MOURVÈDRE *majoritaire* AOC BANDOL

Contrairement aux idées reçues, le rosé n'est pas seulement un vin à boire sans tarder. Dans certaines appellations, comme celle de bandol, parfois des millésimes peuvent même permettre d'envisager une garde de plusieurs années, en particulier grâce à la présence du cépage mourvèdre qui assure au vin une très jolie texture. Cette première leçon sur les vins rosés présente donc un intérêt double : d'une part elle permet de faire connaissance avec le cépage mourvèdre, que nous aurons l'occasion de retrouver, associé à d'autres, dans certains vins rouges ; d'autre part elle offre la possibilité de s'interroger sur l'éventualité d'un potentiel de garde d'un rosé. J'ai choisi, dans le cadre de cet exercice, de déguster un bandol rosé âgé de trois ans. Étant originaire de Provence, je connais bien cette appellation, dont je découvre chaque année avec bonheur le nouveau millésime lors de la Fête des vins qui se tient au mois de décembre. J'aime le bandol pour son caractère : loin d'être un « rosé d'apéritif », c'est au contraire un vin solide et charpenté, parfois même un peu austère, qui mérite d'être découvert.

CÉPAGES MERLOT, CABERNET FRANC, CABERNET-SAUVIGNON AOC BORDEAUX-CLAIRET

L'exercice n'est pas si simple. Comment reconnaître un clairet ? À l'œil ? Ni rosé, ni rouge, ce vin typiquement bordelais, même s'il en existe dans d'autres régions comme la Bourgogne, peut arborer une large gamme d'intensité colorée. Au nez, en bouche ? Si, au palais, la distinction avec un vin rosé apparaît plutôt facile, elle l'est moins lorsqu'il s'agit de comparer clairets et rouges légers d'une autre région. Retrouver cette différence lors de la dégustation, tel est le but de cet exercice, parfois bien difficile à réussir !

La meilleure manière de faire consiste à juger de l'aptitude du vin à la garde, qui différencie les clairets des rosés. Car le potentiel de garde constitue précisément l'un des points forts des clairets. Cette qualité particulière n'a rien à voir avec les cépages utilisés : elle doit tout, au contraire, au travail du vinificateur qui élabore le produit. Je propose ici de déguster un bordeaux clairet âgé de deux ans qui dévoilera facilement ses atouts pour le futur. S'il est inutile de le carafer, j'aime le servir dans un verre suffisamment grand pour permettre une bonne oxygénation : il serait dommage de passer « à côté » de ce vin qui possède beaucoup d'atouts.

REPÈRES

L'APPELLATION ET LES CÉPAGES DE L'ASSEMBLAGE

Le nom de clairet est indissociable de l'anglais claret, sous lequel les amateurs d'Outre-Manche désignaient autrefois les vins d'Aquitaine. Ce type de vin, à mi-chemin entre rouge et rosé, demeure l'apanage essentiel de la région bordelaise. Originaux, les clairets sont également rarissimes dans le reste du monde, quoique certains vins puissent s'en approcher. Mais on les considère d'ordinaire comme des vins rouges « légers ».

À Bordeaux, les cépages utilisés pour le clairet sont les mêmes que pour les vins rouges : cabernet-sauvignon, cabernet franc et merlot. Si, en théorie, on peut élaborer un clairet dans n'importe quelle partie de l'aire d'appellation bordelaise, la réalité est plus restrictive : les clairets naissent, surtout, dans le Libournais, entre Bourg et Blaye, ou dans les premières côtes de Bordeaux.

LA MÉTHODE D'ÉLABORATION

Le clairet s'élabore comme un rosé de saignée dont on prolonge la macération : au lieu des quelques heures qui suffisent à un rosé, on laisse le jus macérer avec les peaux pendant vingt-quatre à soixante-douze heures. Ce faisant, on extrait davantage d'éléments, mais sans atteindre la concentration d'un vin rouge.

Deux éléments vont permettre de différencier un clairet d'un rosé : d'une part, la coloration, d'autre part la structure générale du vin. En permettant aux pigments et, surtout, aux tannins du raisin de migrer dans le jus, on obtient des vins à la fois colorés et soutenus par une structure plus solide. Mieux que les rosés, les clairets apparaissent donc comme pouvant se garder quelques années.

TEMPÉRATURE DE DÉGUSTATION

10-12 °C

LES BONS ACCORDS

Vin de cocktail par excellence
Salades diverses
Quiches et tartes à l'oignon
Brochettes et viandes en barbecue
Poivrons farcis

PRIX

€ à €€

LA SÉLECTION

Château Bonnange
Château Haut Bertinerie
Château Jonqueyres
Château Brethous
Château Penin

LA DÉGUSTATION ••

L'ŒIL

La robe est de couleur rouge rubis clair évoquant le sirop de fruit, et en particulier la grenadine.
Le vin offre une belle brillance.
Le disque est assez épais, nettement visible. On note la présence de larmes et une bonne viscosité.

LE NEZ

Très expressif, il laisse paraître successivement des arômes fruités et floraux, assortis d'une discrète minéralité. On décèle d'emblée des parfums acidulés de cassis, de framboise, parfois de pêche ou de fruits exotiques comme la mangue. Le côté floral, apporté surtout par le cabernet franc, rappelle la pivoine épanouie. La minéralité s'exprime au travers de touches légèrement iodées. On ne trouve que rarement des traces de senteurs épicées.

LA BOUCHE

Franc et dense, le bordeaux clairet est marqué par un fruité très perceptible au départ et une structure assez généreuse, typique de son mode d'élaboration. Les tannins sont facilement identifiés, le corps paraît volumineux, avec un côté charnu bien plus sensible que dans un vin rosé. C'est au palais que le clairet se découvre : on y reconnaît la structure d'un vin rouge, associée au côté désaltérant d'un rosé, avec ses touches acidulées et sa fraîcheur.
Certains vignerons aiment à boiser leur clairet : on décèle alors des notes légères de cannelle, de vanille ou de girofle, qui doivent cependant rester discrètes pour conserver au vin sa vivacité désaltérante.

CÉPAGES CHARDONNAY, PINOT NOIR, PINOT MEUNIER AOC CHAMPAGNE

Si les vins rosés tranquilles paraissent le plus souvent généreux, le champagne rosé se distingue, lui, par son côté aérien et désaltérant entretenu par la présence des bulles. J'aime le champagne rosé pour sa personnalité unique : le relief et le volume le rapprochent d'un rosé, tandis que l'effervescence est identique à celle des autres champagnes. Cousin en apparence, mais fondamentalement différent, le champagne rosé constitue pour moi l'un des meilleurs exemples de raffinement.

C'est cette délicatesse et cette subtilité que je propose de faire découvrir au travers de cet exercice de dégustation. Pour plus de facilité, on choisira un champagne rosé millésimé de quatre ans : le millésime permet ici de fixer un repère. Je conseille également, pour optimiser l'exercice, de ne pas utiliser de flûte à champagne mais de lui préférer un verre tulipe de taille moyenne qui, lors de cette dégustation, fera ressortir l'intensité du fruit et permettra de déceler la complexité des arômes. On peut aussi, bien entendu, organiser une dégustation croisée, en goûtant en même temps un champagne classique de type « blanc de noirs », c'est-à-dire issu des mêmes cépages de base : chardonnay, pinot noir et pinot meunier.

J'ai souvent eu l'occasion de dire que j'aimais le champagne plutôt à l'apéritif. Cependant, le champagne rosé souffre l'exception, puisque son volume lui permet de s'harmoniser avec de nombreux mets froids ou chauds. Il faut alors se méfier de la température : si le champagne accompagne un plat chaud, on évitera de le servir trop frais (au-dessous de 10 °C) pour qu'il ne paraisse pas trop fluide et que puisse s'épanouir toute sa complexité.

REPÈRES

LES CÉPAGES CHARDONNAY, PINOT NOIR ET PINOT MEUNIER

On retrouve, dans le rosé, les cépages traditionnels du champagne : chardonnay, pinot noir, pinot meunier. Cependant, dans les terroirs situés sur les flancs calcaires de la montagne de Reims, qui sont souvent considérés comme les meilleurs de l'appellation, la composition des rosés fait la part belle au pinot noir, largement majoritaire.
Bien que le champagne rosé ne représente qu'un pourcentage très faible de l'appellation champagne, il n'a rien d'un produit d'intérêt anecdotique et sa différence avec les autres champagnes justifie parfaitement sa marginalité.

LA MÉTHODE D'ÉLABORATION

L'élaboration d'un champagne rosé commence comme celle d'un champagne (voir p. 118), avec un vin de base tranquille. La suite de la méthode a cependant quelque chose d'unique dans la France des appellations contrôlées puisqu'elle autorise, avant la deuxième fermentation, l'assemblage de vin blanc et de vin rouge. Cette méthode totalement originale donne lieu à de savants dosages en fonction de la couleur et de la concentration de parfums souhaités par le vinificateur.
Cependant elle n'est pas la seule façon de faire. On peut aussi élaborer, dès le départ, un rosé tranquille traditionnel que l'on fait ensuite fermenter une deuxième fois. L'assemblage de jus provenant de différents cépages permet l'obtention du vin de base.
Lorsqu'on utilise la première technique, le mélange se fait juste avant la deuxième fermentation en bouteille, le plus souvent au mois de janvier. Quelle que soit la méthode retenue, on termine de manière identique par l'ajout d'une liqueur de tirage qui provoque la deuxième fermentation.

TEMPÉRATURE DE DÉGUSTATION

9 °C.

LES BONS ACCORDS

Fruits de mer froids
ou chauds :
crevettes en salade
ou en sauce au
paprika
Poissons rôtis
au jus de viande
Volailles
aux champignons,
sauce à la crème
Fromages de brebis
Desserts à base
de fruits rouges :
glace à la framboise,
fraisier, etc.

PRIX

€€€ à €€€€

LA SÉLECTION

Billecart-Salmon
Duval Leroy
Moët et Chandon
Pommery
Ruinart

LA DÉGUSTATION •••

L'ŒIL

La couleur doit beaucoup au style choisi par le producteur : du rose pâle au rose soutenu, en passant par le saumon orangé. Tout dépend du pourcentage de vin rouge.
La bulle est identique à celle d'un champagne traditionnel, fine et régulière, avec des cheminées nombreuses, et une collerette mousseuse persistante.

LE NEZ

Très aromatique, le nez est dominé par le fruit : framboise et groseille sont ici associées à un parfum de reine-claude parfois enrichi de touches de mûre. On trouve aussi, de temps à autre, des notes de pêche et, plus rarement, de fraise poivrée ou de griotte. La minéralité champenoise est facilement identifiée dans les notes crayeuses. Enfin, il n'est pas rare de trouver, dans un champagne rosé, un léger parfum de fougère.

LA BOUCHE

Le vin est franc, avec une mousse caressante. La bulle s'associe à la vinosité du champagne pour offrir un volume de bouche ample ; la présence de vin rouge apporte de son côté un corps généreux et une jolie densité. La légère perception tannique favorise la longueur (5 à 6 caudalies).
Au palais, la première sensation est fondée sur l'acidulé : la groseille domine d'abord, avant de céder la place aux fruits à noyau comme l'abricot ou la cerise. Dans un second temps sont décelés des parfums floraux de rose, voire de bouton de rose séché.
La texture diffère de celle d'un champagne blanc : le côté crémeux se trouve accentué. L'élégance et le raffinement viennent surtout de l'harmonie de l'ensemble, dominée par l'impression de caresse. Les défauts les plus courants sont une acidité trop élevée, une bulle agressive et une finale dure due aux tannins du vin rouge. Mais lorsque le champagne rosé est réussi, quelle subtilité !

LES VINS ROUGES JEUNES

Comment ne pas se perdre dans le labyrinthe des innombrables vins rouges ? On sait que la lecture des étiquettes n'apporte guère de secours : selon les régions viticoles, les pays producteurs, selon que le vin est soumis ou non à un régime d' « appellation contrôlée », on doit apprendre à repérer le nom du pays, de la région, du village, du coteau, du lieu-dit, ou seulement – comme c'est souvent le cas pour les vins du Nouveau Monde – celui du cépage. Difficile, pour l'amateur débutant, de se lancer dans un parcours organisé !

Je me propose donc, dans un premier temps, de vous entraîner à la découverte de vins rouges « monocépages » ou élaborés à partir d'un assemblage dans lequel l'un des cépages se révèle dominant. Le premier souci du dégustateur, quel que soit le niveau de difficulté, doit être d'identifier ce cépage, pour pouvoir ultérieurement le repérer dans un assemblage complexe. Tel est l'objectif de cette série de leçons qui laisse de côté les vins rouges « multicépages ».

Pourquoi alors avoir choisi des vins « jeunes » ? D'abord parce qu'un vin jeune, habituellement, exprime plus aisément les parfums de fruits qui vont faciliter la reconnaissance du cépage principal, alors qu'un vin plus âgé est davantage soumis aux marques d'évolution. C'est en effet au cours des premières années que le vin reflète le mieux la spécificité de son cépage. Ensuite, parce qu'il est intéressant pour l'amateur de savoir discerner, parmi les vins qu'il peut avoir envie d'acquérir et de conserver dans sa cave, ceux qui « peuvent vieillir ». Autrement dit, il faut pouvoir évaluer le potentiel de garde de chaque vin en sachant reconnaître, au moment de l'achat, les marques distinctives qui permettront – ou non – au vin de profiter du temps qui passe.

De nos jours, les vins évolués sont difficiles à conserver dans les caves modernes inadaptées ou trop étroites, et il est nécessaire de gérer son stock de vins immobilisés afin de profiter au mieux des vins dans leur maturité. Le monde des amateurs de vins, comme beaucoup d'autres, a subi un coup d'accélérateur. La préférence des consommateurs va logiquement vers des vins qu'on peut apprécier jeunes. Personnellement, je trouve cela réducteur, car la plupart des vins n'atteignent une inégalable complexité qu'avec le temps. Inévitable conséquence de ce goût de la clientèle, le travail du vinificateur s'est modifié, et les vins sont élaborés pour être consommés plus vite, plutôt que pour se conserver longtemps. Quant à la gastronomie contemporaine, elle aussi a su s'adapter : on y trouve moins de viandes en sauce ou de gibier. Plus vite préparés, plus simples, plus légers, les mets d'aujourd'hui s'harmonisent avec aisance à des vins jeunes et fruités.

CÉPAGE GAMAY AOC BEAUJOLAIS

Le beaujolais constitue sans contestation possible la référence pour le cépage gamay, seul autorisé pour la production des vins rouges et rosés de l'appellation. Précisons tout de même qu'il existe aussi, bien qu'en toute petite quantité, des beaujolais blancs qui évidemment n'ont rien à voir avec le gamay.
On sait que le beaujolais se boit plutôt jeune. Il peut être vinifié de manière traditionnelle. On doit alors le consommer dans les quatre ou cinq ans. Mais la tradition du « beaujolais nouveau » est toujours très vivace : le vin est alors mis sur le marché dès la fin de la fermentation et consommé aussitôt. N'oublions pas que la région produit aussi, sous des appellations distinctes, des vins nommés « crus du Beaujolais » – moulin-à-vent, chiroubles, morgon, brouilly, côtes-de-brouilly, saint-amour, régnié, juliénas, fleurie et chénas – qui sont, eux, dotés d'un joli potentiel de garde.
Pour ce premier exercice consacré aux vins rouges jeunes, je conseille de s'orienter vers un beaujolais de cuve (un vin boisé compliquerait inutilement la leçon) âgé de trois ou quatre ans. On devrait y découvrir sans peine les arômes fruités du gamay qui s'expriment avec beaucoup de charme sur les terres du Beaujolais. D'ailleurs, j'aime beaucoup déguster un beaujolais sur place : un casse-croûte de cochonnailles, de fromage ou même un coq au vin chez un vigneron de Lancié, de Beaujeu ou de Saint-Amour constitue toujours un grand moment de plaisir partagé !

CÉPAGE PINOT NOIR AOC IRANCY

Voici, avec l'appellation irancy, une première approche d'un cépage extrêmement répandu dans le monde : le pinot noir. C'est à dessein que j'ai choisi ce vin de l'Yonne assez peu connu pour faire découvrir le pinot. Des vins issus de ce cépage, il en existe de nombreux de par le monde. Il s'agissait donc, pour moi, de porter mon choix sur une appellation qui, tout en respectant la personnalité du cépage, ne brouille pas trop les pistes. Par l'intermédiaire de cet irancy, on doit pouvoir se familiariser avec les caractéristiques du pinot noir telles qu'on peut les apprécier dans un vin jeune. Situé dans une zone plutôt fraîche de l'extrême-nord de la région Bourgogne, le vignoble d'irancy ne produit pas, dans son ensemble, des vins dits « de garde ». Je conseille dans le cadre de cette leçon un irancy âgé d'un an ou deux seulement , de manière à mettre en lumière les parfums fruités typiques du cépage. Bien entendu, la règle souffre quelques exceptions, et certains millésimes permettent de conserver un irancy au-delà de cinq ans : j'en ai goûté récemment qui m'ont tout à fait convaincu. Pour l'amateur qui souhaiterait apprécier ces différences, il est parfaitement possible d'organiser une dégustation en comparant deux millésimes distants de trois ou quatre ans. N'oublions pas, de toute façon, qu'il s'agit là d'une première approche. Le pinot noir est un cépage complexe, parfois même difficile à identifier tant il se montre sensible aux éléments apportés par le sol sur lequel il croît.

REPÈRES

L'APPELLATION IRANCY

Située sur la côte d'Auxerre, l'appellation couvre un vignoble limité, à faible distance du Chablisien, sur la rive droite de l'Yonne. Les terres sont presqu'exclusivement encépagées en pinot noir.

LE CÉPAGE PINOT NOIR

Grand cépage bourguignon, le pinot noir est cultivé surtout dans des zones assez fraîches, car il craint beaucoup la surmaturité. Sa précocité est à la fois son atout, puisqu'elle lui permet de mûrir dans des régions plutôt septentrionales, et son inconvénient, car il se trouve périodiquement exposé aux risques de gelées en fin de printemps. Le pinot noir aime les terrains assez profonds, mais surtout bien drainés, car il déteste avoir les racines humides ; il a aussi une préférence nette pour les sols argilo-calcaires, voire franchement calcaires.
En France, le pinot noir est définitivement associé à la Bourgogne, puisqu'il est le seul cépage rouge autorisé dans la plupart des appellations (si l'on excepte le beaujolais, dont nous avons déjà parlé, et le bourgogne passetoutgrain qui, comme son nom l'indique, accepte plusieurs cépages).
Le pinot noir trouve également des terres à sa convenance en Champagne ; il entre dans l'assemblage des champagnes blancs de noirs, aux côtés du pinot meunier. Il est aussi présent en Alsace, dans la Loire et le Nivernais (avec les appellations sancerre rouge ou menetou-salon rouge), un peu dans le Jura ou sur les coteaux les plus frais du Languedoc, en particulier autour de Limoux.
À l'étranger, on cultive le pinot dans le nord de l'Italie – on produit par exemple des effervescents en Lombardie, ou des rouges tranquilles dans le Frioul et le Trentin Haut-Adige –, dans le Valais en Suisse, dans plusieurs régions d'Allemagne, d'Autriche et de Roumanie. Le Nouveau Monde ne l'a pas oublié : on trouve du pinot en Nouvelle-Zélande et, surtout, aux États-Unis – en Californie (du côté de Carneros) et dans l'Oregon, vignoble historique du cépage pinot sur le sol américain.
Le pinot noir est aussi connu sous le nom de « noirien » ou « morillon » en France, « klevner » en Suisse. En Allemagne, on le nomme « spätburgunder », ou « blauburgunder ». Aux États-Unis, « burgundy » (usage abusif).

TEMPÉRATURE DE DÉGUSTATION

16°C

LES BONS ACCORDS

Poissons de rivière en matelote
Rôti de veau et volailles rôties ou préparées avec des épices légères : paprika, cannelle, différents poivres
Poule faisane rôtie
Fromages : soumaintrain pas trop affiné, chaource

PRIX

€

LA SÉLECTION

Anita et Jean-Pierre Colinot
Domaine Félix
Benoît Cantin
EARL Jean-Marc Brocard
Domaine Goisot

LA DÉGUSTATION

L'ŒIL

De couleur assez tendre, le vin est généralement rouge rubis peu soutenu, avec beaucoup de transparence. Il n'est pas rare de trouver des reflets roses, avec des touches de vermillon. La palette colorée est assez diversifiée.
Fluidité et viscosité sont moyennes, et les larmes rarement denses.
Si on compare l'irancy jeune avec un millésime plus ancien, on observe la transformation de la couleur : le vin évolue rapidement vers une teinte plus orangée et des touches brique.
La couleur pâle est souvent le signe de reconnaissance des pinots, bien que certains vignerons cherchent aujourd'hui à l'intensifier par l'allongement de la macération.

LE NEZ

Le nez dénote une complexité relative, mais sa franchise laisse s'exprimer tout de suite des arômes de fruits très marqués.
Les parfums de fruits rouges ou noirs dominent d'abord : on reconnaît la cerise, le cassis frais et des notes framboisées.
La fraîcheur minérale s'impose ensuite : la minéralité typique du terroir, qui constitue l'un des points forts des vins issus de pinot, s'exprime dès le nez.
Des arômes de fruits à noyau apparaissent enfin : on trouve souvent, dans l'irancy jeune, la pêche de vigne et, dans un vin plus évolué, la prune.

LA BOUCHE

Franche, la bouche doit son équilibre à une fraîcheur minérale associée à une texture tendre. On retrouve au palais les parfums déjà repérés au nez.
Doté de tannins souples, le vin est désaltérant. Sa minéralité acidulée en fait un vin facile à boire. En vieillissant, il perd de son acidité et s'oriente vers davantage de souplesse encore.
Longueur : 4 à 5 caudalies.

CÉPAGE CABERNET FRANC AOC SAINT-NICOLAS-DE-BOURGUEIL

Il est important de savoir reconnaître le cabernet franc, qui tient une place considérable dans nombre de vignobles du monde – et que nous allons retrouver, dans le cadre de ces leçons de dégustation, dans les trois chapitres consacrés aux vins rouges. Mais il n'est pas si facile de le repérer, car il entre souvent dans la composition d'assemblages classiques, tout particulièrement dans la région bordelaise. C'est pourquoi je propose ici de déguster un rouge du Val de Loire, dans l'appellation saint-nicolas-de-bourgueil. Dans cette appellation en effet, le cépage majoritaire, voire unique, est précisément le cabernet franc ; et lorsque le vigneron fait le choix d'un assemblage, il ne peut ajouter à la composition que du cabernet-sauvignon, à hauteur de 10 % maximum.
Je conseille de déguster, pour cette leçon, un saint-nicolas-de-bourgueil de deux ans. Le mieux est de s'assurer qu'il est issu à cent pour cent de cabernet franc, ce qui facilitera pour l'amateur encore néophyte la reconnaissance de ce cépage.

REPÈRES

TEMPÉRATURE DE DÉGUSTATION

16-17 °C

Le vin se prête à une expérience fondée sur différentes températures destinée à permettre une lecture aromatique :

- servi à 12 °C, l'acidité naturelle ressort, ainsi que le côté végétal ;
- servi à 16 °C, le vin se laisse déguster de manière classique ;
- servi autour de 20 °C, le vin fait apparaître des notes de violette et même de réglisse.

LES BONS ACCORDS

Charcuteries fines
Saumon grillé
Volailles rôties
Fromages de chèvre frais

PRIX

€ à €€

LA SÉLECTION

Yannick Amirault
Thierry Boucard
Domaine de La Cotelleraie
Domaine Frédéric Mabileau
Domaine Taluau et Foltzenlogel

LE CÉPAGE CABERNET FRANC

Né au sein de la même famille de cépages, le cabernet franc souffre souvent de l'ombre que lui fait le cabernet-sauvignon dans la région bordelaise. Employé seul, le cabernet franc se montre pourtant capable de donner, quand les conditions lui conviennent, d'excellents vins dotés d'une souplesse de texture qui les rend très agréables dès leur jeunesse.

C'est dans le Val de Loire (en Touraine, en Anjou ou dans le Saumurois) que le cabernet franc seul donne les meilleurs résultats, dans des appellations comme chinon (voir p. 236), saumur-champigny, bourgueil et saint-nicolas-de-bourgueil. Assez peu productif, le cabernet franc connaît des rendements moyens qui favorisent dans les vins une jolie concentration. La grande différence avec son cousin le cabernet-sauvignon tient à la présence des tannins : quand l'un paraît souple, l'autre semble austère, car la perception des tannins est beaucoup moins intense dans le cabernet franc.

On trouve du cabernet franc dans la Loire, où les sols de tuffeau et les terres argilo-calcaires lui permettent de s'exprimer avec beaucoup de finesse, et bien sûr dans le Bordelais, où le cabernet franc reste toutefois moins représenté que le cabernet-sauvignon et le merlot. Les vignobles du Sud-Ouest font aussi une part belle à ce cépage, en particulier dans les appellations côtes-de-duras, pécharmant ou buzet. Le Languedoc, de son côté, produit du vin de pays d'oc à base de cabernet franc. À l'étranger, on trouve des terres encépagées en cabernet franc en Afrique du Sud, dans les secteurs de Simonsberg ou de Stellenbosch, en Australie, au Chili, en Argentine et en Californie, ou encore dans certaines régions européennes : dans le Frioul en Italie, ou sur les bords du lac de Balaton en Hongrie.

C'est un cépage qui sait s'adapter à des conditions de culture très diversifiées, et qui se montre plus précoce dans les régions plus chaudes. En région fraîche, il peut souffrir si le millésime manque de soleil, car il se teinte alors d'une note végétale qui peut paraître désagréable. Le microclimat des bords de Loire lui permet généralement d'atteindre une belle maturité.

On le nomme parfois « breton » (ce nom, utilisé dans la Loire, viendrait d'un certain abbé Breton qui a développé le vignoble à l'intention du cardinal de Richelieu), « petite vidure » (dans le Bordelais), « bouchet » (à Saint-Émilion), ou encore « bouchy » (à Madiran).

LA DÉGUSTATION •

L'ŒIL

La couleur rouge rubis du vin est assez tendre et lumineuse. La robe est peu profonde, avec des reflets légèrement pourprés, voire carmin.
La viscosité est moyenne. Le disque est limpide et brillant.

LE NEZ

Très expressif, le nez est marqué à la fois par le fruit et la fleur. Les arômes de fruits s'expriment d'abord, dominés par la framboise et le cassis frais.
Une touche de violette s'impose ensuite, laissant place à une note végétale de poivron qui doit inciter à repérer le cabernet franc. Ce parfum de poivron, dû à un manque de maturité des raisins, « signe » le cépage. Il ne doit pas être trop marqué pour que la dégustation reste agréable.
Au nez, le vin joue davantage sur la franchise que sur la complexité. Ses parfums bien définis le rendent assez facile d'accès.

LA BOUCHE

Assez friande en attaque, la bouche montre tout de suite des saveurs joliment fruitées et un équilibre fondé sur une vivacité réelle, sans aucune agressivité tannique.
Cette association heureuse entre fraîcheur et souplesse, assorties d'une densité moyenne, font du saint-nicolas-de-bourgueil un vin facile à boire, à la fois fluide et structuré, désaltérant sans lourdeur, mais avec suffisamment de caractère. Ce sont ces caractéristiques sans doute qui ont fait des vins de Loire issus de cabernet franc les vins préférés des repas d'affaires.
Longueur : 5 caudalies.

CÉPAGE MERLOT *majoritaire* AOC POMEROL

Nous abordons ici la dégustation d'un vin rouge d'assemblage. Car si le merlot constitue le cépage majoritaire dans un pomerol, le décret de l'appellation stipule que le vin doit nécessairement être issu de l'union d'au moins deux cépages : dans la pratique, le pomerol s'élabore à partir de merlot, auquel s'ajoutent cabernet franc et cabernet-sauvignon. Cependant, le merlot couvre les quatre cinquièmes du vignoble libournais, et sa présence largement majoritaire dans les vins de la région facilite la reconnaissance de ce cépage extrêmement répandu dans le monde.

J'aime beaucoup le pomerol, qui représente l'un des vignobles historiques de la région de Bordeaux. C'est bien entendu un vin qui mérite souvent de vieillir. Mais pour les besoins de cette leçon de dégustation, je préfère m'en tenir à un pomerol de cinq ans ; ainsi, peut-on profiter du fruit et apprendre à reconnaître le merlot, sans que l'élevage en fût ne vienne perturber l'analyse.

Et pour celui qui voudrait prolonger l'exercice, je conseille d'organiser une dégustation comparative : on pourrait par exemple goûter, dans un même millésime, un vin de Pomerol et un ou deux merlots d'une autre partie du monde. Cet exercice permet à la fois de conforter l'identification du cépage en s'appuyant sur les points communs à tous les vins dégustés, mais aussi de comprendre l'importance des sols et des méthodes de culture. À Pomerol, le rendement du merlot est limité à 40 ou 45 hl/ha, alors qu'il peut aller jusqu'à 80 hl/ha dans certaines zones de production du Nouveau Monde. Avec de telles différences de concentration, on ne s'étonnera pas de découvrir à la dégustation des impressions fort dissemblables.

CÉPAGE SYRAH AOC SAINT-JOSEPH

La syrah est certainement l'un des cépages que je préfère : qu'elle soit vinifiée seule ou en assemblage, que les vins soient dégustés jeunes ou évolués, je leur trouve des qualités remarquables et toujours originales. C'est sans doute pourquoi j'ai voulu décliner ce cépage au travers de plusieurs vins, en trois exercices distincts destinés à faire comprendre les immenses possibilités offertes par ce cépage.
Cette première approche, par le biais d'un saint-joseph jeune, de deux ou trois ans seulement, devrait permettre d'apprécier les qualités de séduction du cépage syrah. Pour optimiser les parfums du vin, je conseille de le carafer avant la dégustation : on peut de cette manière distinguer tous les arômes de ce cépage complexe et profiter de la profondeur de la robe du vin. Car la syrah, souvent, s'identifie d'abord à l'œil, grâce à la profondeur remarquable de sa coloration. Un test simple, que chacun peut mettre en œuvre, consiste à faire passer son doigt derrière le verre ou la carafe : lorsqu'il s'agit de syrah, souvent le vin est aussi opaque que de l'encre et le doigt disparaît tout simplement de la vue !

REPÈRES

L'APPELLATION SAINT-JOSEPH

Située sur la partie septentrionale de la rive droite du Rhône, l'appellation saint-joseph s'étire sur une cinquantaine de kilomètres et représente 800 hectares de plantations répartis sur vingt-six communes. L'appellation propose des vins rouges à base de syrah presque exclusivement, et des vins blancs issus de marsanne et de roussane. Les meilleurs terrains sont situés sur les contreforts du plateau ardéchois, sur des coteaux bien exposés. Il y a quelques années, les vignerons se sont lancés dans une réorganisation du vignoble, délaissant les plateaux au profit des coteaux : le nombre d'hectares en production s'en est trouvé diminué, mais la qualité générale de l'appellation s'en est fort bien trouvée.

LE CÉPAGE SYRAH

« Chiraz », « shiraz », « sirah », « sira », ou « serine », voire « serène », dans la vallée du Rhône, ce cépage qui affectionne les terroirs chaleureux et les climats largement ensoleillés donne des vins rouges généralement très colorés. Son nom viendrait de la ville de Chiraz, en Perse – l'un des berceaux de la viticulture mondiale – et les plants pourraient avoir été introduits sur les rivages de la Méditerranée occidentale par les Phocéens. Certains historiens pensent plutôt que la vigne aurait été apportée dans le Midi de la France par des troupes romaines ayant transité par le port sicilien de Syracuse, qui serait alors à l'origine de la dénomination du cépage.

Quelle que soit l'explication de son nom – et de son orthographe mystérieuse –, le cépage syrah s'adapte à plusieurs types de sols, mais marque sa préférence pour les terrains granitiques en coteaux.

En France, il couvre de larges zones des vignobles de la vallée du Rhône, mais on le trouve aussi un peu en Provence, dans le Languedoc et dans le Sud-Ouest, dans les appellations côtes-du-marmandais et gaillac. Il peut être vinifié seul ou presque seul, comme dans les appellations rhodaniennes hermitage, crozes-hermitage, cornas et saint-joseph, ou encore entrer dans la composition d'assemblages dont sont issus les côtes-du-rhône ou certains vins de pays d'oc. La syrah entre également, pour une proportion importante, dans les appellations faugères ou saint-chinian.

À l'étranger, la syrah constitue l'un des premiers cépages historiques de la viticulture australienne. Son implantation s'est faite dès le XIXe siècle au sud du pays, en particulier en Nouvelle-Galles-du-Sud. On en trouve aussi en Europe, surtout en Italie et en Suisse, ainsi qu'au nord de la Grèce où son apparition est plus récente. Dans le reste du monde, la syrah est cultivée en Californie, un peu en Argentine et au Chili, ainsi qu'au Maroc.

TEMPÉRATURE DE DÉGUSTATION

17-18°C

LES BONS ACCORDS

Caillette ardéchoise (préparation de viande et d'herbes cuites)
Faisan, bécasse rôtis ou braisés
Pièces d'agneau ou de bœuf rôties
Fromage : picodon affiné accompagné d'une tapenade.

PRIX

€€ à €€€

LA SÉLECTION

Domaine Courbis
Domaine Coursodon
Domaine Durand
Domaine Gonon
Domaine Bernard Grippa

LA DÉGUSTATION

L'ŒIL

Couleur rouge cerise très mûre, la robe est sombre, profonde, d'une belle densité, avec des reflets violine parés de notes un peu pourprées.
Le vin est limpide, brillant.
Le disque est très réfléchissant.
On remarque beaucoup de viscosité, des larmes abondantes et colorées.

LE NEZ

Intense, expressif, séducteur, le nez exhale des notes de fruits noirs – mûre, cassis parfois – bien reconnaissables. Pour identifier la syrah, il faut rechercher un parfum poivré caractéristique du cépage, auquel viennent se superposer des touches fumées liées à l'élevage en fût.
D'une manière générale, c'est l'alliance de deux parfums, la mûre et le poivre blanc, qui permet de s'orienter vers l'identification du cépage syrah.
Dans un second temps, la violette est perceptible, parfois assortie d'un arôme de clou de girofle et, enfin, de réglisse. Cette dernière note donne en principe un renseignement important lorsqu'il s'agit de repérer la syrah « à l'aveugle ».

LA BOUCHE

Le vin est franc, assez généreux dès le départ, avec une bouche dense et des tannins sans agressivité mais bien présents. L'impression générale est marquée par la densité, bien que la longueur d'un saint-joseph dépasse rarement les 5 à 6 caudalies.
Bien entendu, si l'on peut apprécier les vins de cette appellation dès leur jeunesse, on ne risque rien à les laisser vieillir. La maîtrise de la puissance en alcool en fait des vins plus tendres que la plupart de leurs cousins de la vallée du Rhône. La perfection de l'équilibre tient justement à la rondeur caressante, la structure tannique et la maîtrise de l'alcool.

CÉPAGE MALBEC MENDOZA *Argentine*

C'est à dessein que j'ai résolu, pour faire découvrir le malbec jeune, de partir à la recherche d'un vin argentin. Quoique ce cépage, français d'origine, signe certains vins du Sud-Ouest comme le cahors – sur lequel j'aurai l'occasion de revenir –, il est depuis longtemps acclimaté sur de belles terres d'altitude de l'autre côté de l'Atlantique. Non seulement il y exprime ses qualités intrinsèques dans des vins charnus et persistants, mais il se laisse facilement reconnaître puisqu'il est, en Argentine, employé presque seul.

La région de Mendoza produit toutes sortes de vins, presque tous à base de malbec. On essaiera donc, pour se livrer à cette leçon de dégustation originale, de se procurer de préférence un vin âgé de quatre ans environ. L'étiquette, typique des vins du Nouveau Monde, devrait aider le débutant à choisir sans se tromper : on y trouvera en effet le nom de la région, Mendoza, assorti de celui du cépage. Certaines indications complémentaires peuvent y figurer, comme celle de « Zona alta del rio Mendoza », qui correspond à un secteur d'altitude produisant des vins de qualité, ou encore de « Luyãn de Cuyo », qui certifie la seule Indication géographique protégée (IGP) d'Argentine. On prendra soin, avant de procéder à la dégustation, de carafer le vin pendant deux heures, pour tempérer un peu sa fougue et sa puissance. On pourra compliquer ultérieurement l'exercice de départ en organisant une comparaison, par exemple avec un vin issu de syrah, pour mettre en valeur les différences essentielles entre ces deux cépages qui ont en commun la densité et le caractère ensoleillé. Car si les similitudes entre syrah et malbec peuvent paraître grandes au premier abord, leurs différences se révèlent sensibles à qui prend la peine de goûter les vins avec attention.

CÉPAGE CABERNET-SAUVIGNON NAPA VALLEY CABERNET

États-Unis

Parce qu'il est l'un des cépages les plus utilisés par les vignerons du monde entier, le cabernet-sauvignon mérite qu'on s'y attarde en lui consacrant plusieurs leçons. Il s'agit donc, ici, d'un exercice inaugural pour lequel j'ai choisi, en dehors de tout souci de hiérarchie, un vin américain élaboré en Californie.

Il y a plusieurs raisons à cela. La première tient à l'emploi qui est fait, en Californie, du cabernet-sauvignon : dans nombre de domaines, il existe en effet beaucoup de vins dans lesquels ce cépage est utilisé seul, ou de manière franchement prépondérante – à la différence de ce qui se passe en France, où pratiquement aucun vin n'est élaboré à partir de ce cabernet uniquement. De plus, il est important d'apprendre à cerner le genre de vinification pratiquée aux États-Unis : ce premier exercice est donc destiné à apprécier la façon de faire américaine, par opposition à ce qu'il est convenu d'appeler, en France, le « style médocain » (voir p. 228).

En Californie, la Napa Valley représente certainement l'une des régions les plus intéressantes pour la viticulture, et depuis fort longtemps, puisque le cabernet y a fait son apparition dès le XIXᵉ siècle. Pour ma part, je garde, de mon premier voyage dans cet État américain en 1985, le souvenir d'une vallée florissante et déjà bien organisée sur le plan viticole ; j'y avais beaucoup apprécié les infrastructures modernes des domaines et la possibilité offerte aux visiteurs d'une restauration sur place, après la visite des chais. Ce concept, aujourd'hui plus courant, était à l'époque très novateur.

Dans le cadre de cet exercice, je conseille de se tourner vers un cabernet-sauvignon de deux ou trois ans qu'il faudra carafer pendant une heure. On pourra, dans un vin de cet âge, reconnaître les qualités variétales du cépage et le boisage typique des vins californiens, généralement plus appuyé que celui des vins hexagonaux.

Plus tard, d'autres séances de dégustation pourront s'organiser autour d'une comparaison, par exemple avec un vin rouge de Bordeaux ou, mieux encore, avec un médoc et un vin de pays d'oc cabernet-sauvignon.

REPÈRES

LE CÉPAGE CABERNET-SAUVIGNON

Originaire de la région bordelaise, le cabernet-sauvignon doit son succès, là et partout ailleurs, à son immense pouvoir de séduction et d'adaptation. À Bordeaux, on vendange ce cépage après le merlot plus précoce, mais avant le cabernet franc de maturité plus délicate. Le cabernet-sauvignon affectionne, dans sa région première, les sols de graves, c'est-à-dire de cailloux mêlés de roches argilo-calcaires. Mais on le trouve acclimaté sur toutes sortes de terres, et sur tous les continents : en Europe du Sud ou de l'Est (Italie, Espagne, Bulgarie, Grèce, Roumanie) ; dans le Maghreb et en Afrique du Sud ; aux États-Unis, et tout spécialement en Californie ; au Chili et en Argentine ; en Australie et en Nouvelle-Zélande. Seuls les pays producteurs les plus septentrionaux, comme l'Allemagne ou l'Autriche, n'ont pas, à de rares exceptions près, jugé bon de chercher à l'adapter.

C'est au XIXe siècle que le cabernet-sauvignon a commencé sa progression vers de nouveaux secteurs, et c'est autour du 45e parallèle – nord ou sud – que son installation s'est pérennisée, car ce cépage n'aime ni les gelées, ni les pluviométries trop importantes.

LE CABERNET EN CALIFORNIE

C'est au XIXe siècle qu'Agoston Haraszthy s'est donc vu confier, par le gouverneur de Californie, la mission de rapporter de France de « beaux » cépages en vue de développer la viticulture dans différents secteurs de l'Ouest américain. D'abord installés sans distinction sur différents sols, les cépages d'origine ont été, dans la deuxième moitié du XXe siècle, complètement réorganisés en fonction de leurs exigences culturales ; du coup, la qualité générale des vins californiens s'en est trouvée très améliorée.

Aujourd'hui, les cabernets sont parfaitement à leur aise sur les terres des vallées de Napa et de Sonoma, pour ne citer que les plus connues. Les meilleurs résultats sont obtenus, là comme ailleurs, sur des coteaux bien exposés, mais il existe quelques exceptions à cette règle, en particulier dans les domaines qui savent maîtriser les rendements. Partout en Californie, le cabernet-sauvignon bénéficie du climat chaud et ensoleillé qui lui convient le mieux.

Dans le Bordelais, on trouve (assez rarement) les termes de « petite vidure » ou de « biture ». Partout ailleurs, le cépage conserve sa dénomination d'origine.

TEMPÉRATURE DE DÉGUSTATION

17 °C suffisent généralement, car le titre alcoolique du vin atteint régulièrement 13,5° ou 14°

LES BONS ACCORDS

Dinde ou oie rôtie au maïs ou aux châtaignes
Travers de porc aux épices
Gigot d'agneau mariné
Civet de lapin

PRIX

€€€ à €€€€€

LA SÉLECTION

Clos du Val
Niebaum Coppola
Opus One
Shafer Vineyards
Stags' Leap Wine Cellars

LES VINS ROUGES D'ASSEMBLAGE

La plupart des vins rouges sont issus de plusieurs cépages. La rencontre entre les différentes composantes tire son origine dans un passé plus ou moins ancien, mais beaucoup de ces vins ont été élaborés au fil de l'évolution historique de la viticulture. Les idées, les expériences qui ont mené à leur naissance ont le plus souvent été figées à une époque donnée, ce qui n'exclut pas de revenir à présent sur certaines habitudes ou de modifier la tradition pour s'approcher au plus près des goûts contemporains.
L'extraordinaire richesse de l'encépagement, à l'échelle mondiale, peut être assimilée à la palette d'un peintre : il ne s'agit pas d'assembler n'importe quoi, mais de trouver des éléments complémentaires qui apportent de nouvelles nuances. Attention pourtant à ne pas confondre assemblage de cépages et complexité du vin : il existe de très grands vins élaborés à partir d'un cépage unique. Les rouges de Bourgogne, exclusivement issus de pinot noir, en sont un bel exemple.
La viticulture moderne, à l'étranger surtout, tend toutefois à privilégier la

notion de vin monocépage, parce que cela simplifie le travail de commercialisation du produit en le rendant plus directement lisible. Là encore, il faut nuancer le propos, car beaucoup de vins du Nouveau Monde réputés « monocépages » ne le sont pas en réalité : souvent les étiquettes ne mentionnent que le cépage principal utilisé pour élaborer le vin, sans faire état des éléments complémentaires. S'applique alors la règle du 75-25 : 25 % d'un ou de plusieurs cépages complémentaires peuvent être utilisés sans que cela n'apparaisse sur l'étiquette.

D'une manière générale, les vins d'assemblage restent les héritiers d'une tradition, d'un savoir-faire, d'échanges historiques. Ils correspondent souvent à un choix dans le sens de la meilleure solution : il fut une époque où, pour sécuriser la production, il était nécessaire de pouvoir échelonner les dates de récolte et donc d'avoir recours à des cépages différents. Les exigences du sol et du climat restreignaient les solutions possibles, et le génie régional faisait le reste.

CÉPAGES
GRENACHE NOIR, SYRAH, MOURVÈDRE
AOC
COTEAUX-DU-LANGUEDOC

Le salon Vinisud est devenu, au fil des années, le rendez-vous incontournable pour partir à la rencontre des crus du pourtour méditerranéen et en particulier du Languedoc. Lorsque je m'y rends, j'essaie d'aller me promener sur les hauteurs de cette région, pour gravir le pic Saint-Loup et le Montpeyroux ou surplomber la Méditerranée depuis le massif de la Clape.

Si j'ai choisi un coteaux-du-languedoc pour commencer la dégustation des vins rouges d'assemblage, c'est d'abord parce que j'aime les qualités du grenache, ici majoritaire. Ce cépage, rarement utilisé seul dans les vins secs, offre souvent aux vins de belles perspectives d'évolution. Associé à la syrah et au mourvèdre, il donne des vins typiquement méditerranéens. On retrouve d'ailleurs ce type d'assemblage dans d'autres régions que le Languedoc : en Provence, dans le sud de la vallée du Rhône et un peu en Espagne.

Analyser un vin d'assemblage peut paraître difficile au début. Un peu de méthode devrait pourtant permettre à tous de s'y retrouver, en essayant de reconnaître, dans le vin dégusté, les qualités spécifiques de chacun des éléments de l'ensemble. Pour cette leçon, un coteaux-du-languedoc rouge de cinq ans conviendra bien, à condition qu'il comporte une base de grenache suffisamment importante. Bien entendu, sur une zone d'appellation aussi étendue que celle-ci, il existe de nombreux styles différents. Je recommande de s'en tenir à un vin assez traditionnel, bien que la tendance actuelle aille vers une augmentation de la proportion de syrah. Il faut, comme toujours, bien maîtriser la température. Si le vin est trop chaud, l'alcool risque de prendre le pas sur les parfums, anesthésiant le palais au passage.

CÉPAGES SANGIOVESE, CABERNET-SAUVIGNON IGT TOSCANA *Italie*

Cépage de premier plan en Italie, le sangiovese se trouve presque toujours employé en assemblage dans sa région d'origine, la Toscane, pour l'élaboration de vins qui se sont sensiblement modifiés depuis une trentaine d'années, mais qui tous, ou presque, accordent au sangiovese un rôle prépondérant.

Si j'ai souhaité permettre aux amateurs de faire connaissance avec ce cépage qui peut sembler un peu exotique, c'est que je suis persuadé qu'à l'avenir, il va prendre, au sein de la viticulture mondiale, une importance grandissante. En effet, il reste un peu sous-exploité, en dépit de sa réelle séduction, rejoignant en cela l'un de ses cousins italiens, le nebbiolo. À terme, sangiovese et nebbiolo devraient à mon sens suivre le développement de la gastronomie de la Péninsule à l'échelle internationale.

J'ai eu la chance de découvrir la Toscane et ses vins avec mon père, alors que j'étais adolescent et que j'avais tout juste le droit de tremper mes lèvres dans un verre de chianti. Mon intérêt pour cette région en pleine évolution ne s'est jamais démenti.

Il me faut dire quelques mots des appellations italiennes, dont le système diffère quelque peu du nôtre. Les indications « DOC » et « DOCG » correspondent à peu près à notre système AOC. On compte beaucoup de vins certifiés « IGT », Indication géographique typique. C'est le cas du toscana que je propose ici, qui devra être issu d'un assemblage, désormais classique dans la région, de sangiovese et de cabernet-sauvignon. Heureusement, les cépages employés pour l'élaboration du produit sont, en Italie, souvent indiqués sur une contre-étiquette, ce qui simplifie le choix de l'amateur. On privilégiera pour l'exercice un millésime vieux de cinq ans environ, ce qui correspond pour ces vins au début de la phase de maturité. Je conseille de mettre le vin en carafe pendant une heure avant la dégustation, afin de favoriser son oxygénation.

CÉPAGES CABERNET-SAUVIGNON, CABERNET FRANC, MERLOT AOC HAUT-MÉDOC

Dans la hiérarchie des vins bordelais, le haut-médoc occupe une place intermédiaire et couvre une zone d'appellation très étendue. On pourrait en déduire qu'il est malaisé d'en faire un exemple utile dans le cadre de cet apprentissage progressif de la dégustation. Mais il n'est plus question ici de repérer les cépages entrant dans la composition du vin : je les ai déjà présentés isolément (voir p. 192, p. 196 et p. 208). Ce qui me paraît essentiel, avec cet exercice, c'est de tenter de définir le « style médocain » qui caractérise l'ensemble de l'appellation. C'est important, car ce style s'étend aussi, avec des nuances, aux appellations communales bordelaises – saint-estèphe, pauillac, margaux, saint-julien, listrac-médoc et moulis – qui, toutes, sont géographiquement enclavées dans l'aire d'appellation haut-médoc. De plus, le style médocain constitue l'un des grands repères de la dégustation à l'échelle internationale : il est important de savoir reconnaître à coup sûr ce qui est aujourd'hui un style de référence constamment utilisé comme point de comparaison.
Pour mettre en évidence les particularités de ce type de vin, je conseille de s'en tenir à un haut-médoc classique âgé d'environ six ans. Je considère qu'un seul exercice autour d'un haut-médoc ne saurait pourtant suffire à cerner convenablement le style que je souhaite faire découvrir. On aura donc intérêt à bâtir sa progression en se livrant à des dégustations comparatives. On peut, par exemple, construire trois exercices autour d'un haut-médoc : d'abord, on tente de repérer le style du vin ; puis on essaie de comparer deux produits bordelais en choisissant un haut-médoc et un vin du Libournais ; et enfin, on goûte un vin médocain et un autre, élaboré à partir du même type d'assemblage, mais provenant d'une autre région. Car c'est en goûtant et en comparant inlassablement que l'on peut espérer maîtriser la dégustation.

REPÈRES

L'APPELLATION HAUT-MÉDOC

La zone du Médoc, qui s'étend au-dessus de Bordeaux jusqu'à l'extrémité de la Gironde, ne s'est consacrée à la viticulture qu'à partir du XVIIe siècle. Il a fallu en effet attendre l'assainissement de la région, jusqu'alors couverte de marécages, pour permettre d'en finir avec l'humidité des marais et les moustiques qui empêchaient toute agriculture.

En même temps qu'on commençait à planter des pieds de vigne est née l'idée d'un assemblage de cépages. Le cabernet-sauvignon, qui sert de pilier à l'édifice médocain, est en effet un cépage sensible aux gelées et à une pluviométrie trop forte ; pour limiter les risques, les vignerons ont choisi d'autres cépages – cabernet franc et merlot – aux exigences climatiques différentes. La vendange peut donc s'effectuer en trois temps, en fonction de la maturité des trois sortes de raisins : le merlot d'abord, le cabernet-sauvignon ensuite, le cabernet franc enfin. Les sols médocains, généralement constitués de graves traditionnelles (c'est-à-dire de terrains caillouteux argilo-calcaires), conviennent aussi bien aux trois cépages, bien que le cabernet franc ait une préférence pour les terres les plus argileuses.

Sur cet assemblage original s'est ensuite bâti, en quelques décennies, un vin complexe et équilibré dans un esprit totalement créatif. Dans une dégustation, il faut prêter attention au millésime, qui se révèle très important pour les vins du Médoc : certes, le vigneron peut jouer avec les différentes composantes de l'assemblage pour bâtir un vin équilibré, mais la méthode connaît des limites liées aux caprices météorologiques de la région. Certains viticulteurs essaient, par des moyens modernes de vinification, d'intensifier la concentration du vin lorsque les pluies de septembre sont venues perturber la bonne maturité des grappes. Pour la leçon, on s'en tiendra à un assemblage classique dominé par le cabernet-sauvignon (qui représente environ 70 % de l'ensemble).

TEMPÉRATURE DE DÉGUSTATION

17-18 °C

LES BONS ACCORDS

Terrines de volaille
Galantine de canard au foie gras
Faisan au chou
Magret de canard grillé
Fromages : rocamadour

PRIX

€€ à €€€€€

LA SÉLECTION

Château de Cantemerle
Château de Lamarque
Château La Lagune
Château Lanessan
Château Sociando Mallet

LA DÉGUSTATION ••

L'ŒIL

La robe rouge grenat soutenu est variable d'un millésime à l'autre. Elle peut paraître très profonde, mais conserve toujours une belle transparence.
On note une belle viscosité, des larmes régulières moyennement généreuses.

LE NEZ

La nature du vin s'exprime dès l'âge de six ans. D'emblée, la présence du cabernet-sauvignon se reconnaît aux arômes bien définis de baie de cassis, de prune et de cerise. Avec le temps, d'autres parfums complètent cette première impression, mais ils apparaissent généralement au-delà de six ans. Si le vin est équilibré et le cabernet récolté au moment juste, le nez exhale un vrai parfum de cassis associé à une impression de fraîcheur que confèrent des senteurs discrètes de menthe poivrée, et parfois des notes d'eucalyptus légères.
Les arômes fruités provenant du cabernet franc s'expriment dans un second temps. On y reconnaît la framboise et, une fois encore, le cassis, marque de tous les cabernets. Dans le cas du cabernet franc, s'y ajoute l'arôme de feuille de cassis.
En dernier lieu, se distinguent les parfums du merlot : arômes de prune et de framboise légèrement confits, bien mûrs en tous cas, accompagnés d'une touche de violette caractéristique. Il arrive qu'on découvre aussi d'autres fruits noirs – mûre, cerise, ou même figue ou pruneau – lorsque le millésime est bien mûr.
Les marques de boisage apparaissent enfin. Si le vin a été élevé en fût neuf, les arômes dominants sont la vanille et la torréfaction.

LA BOUCHE

L'entrée en bouche est franche, et le vin donne d'emblée une belle sensation de volume, grâce à la présence du merlot qui lui confère gras et rondeur. Les polyphénols remarquables du cabernet-sauvignon apportent leur volume, et l'équilibre global est fondé sur l'alliance entre rondeur et tannins. Le corps est en effet tenu par des tannins un peu anguleux mais jamais asséchants.
Les cépages de l'assemblage médocain s'expriment parfaitement au palais : l'attaque est assurée par le cabernet-sauvignon, le corps est soutenu par le charnu du merlot qui enrobe les tannins du cabernet franc, qui s'exprime, lui, plutôt en fin de bouche en favorisant la longueur. Cette longueur s'appuie sur les tannins des deux cabernets, dans une judicieuse combinaison des tannins naturels du raisin et de ceux acquis lors de l'élevage en fût. Ces tannins fins et présents, harmonieusement intégrés grâce au merlot, signent le style médocain.
Longueur : 5 caudalies.

CÉPAGES SYRAH, GRENACHE NOIR AOC CÔTES-DU-RHÔNE-VILLAGES

J'ai évoqué, au cours d'une leçon précédente consacrée au coteaux-du-languedoc (voir p. 220), l'alliance du grenache et de la syrah, associés alors au mourvèdre. Je reviens ici sur les deux premiers cépages qui peuvent, dans le sud de la vallée du Rhône, donner naissance à des assemblages dans lesquels la syrah est majoritaire. Cette association traditionnelle de l'appellation côtes-du-rhône a d'ailleurs tendance à se modifier, car la syrah, souvent considérée comme un cépage « améliorateur » et dont la saveur comble le goût des consommateurs actuels, prend le pas sur le grenache dans les vins contemporains. Il arrive aussi, chez nombre de vignerons, que soient élaborées des cuvées différentes : les proportions varient alors à l'infini, et il n'est pas rare que s'ajoutent aux deux principaux un cépage complémentaire autorisé par la législation, comme le carignan ou le cinsault.

Je m'intéresserai pour cette dégustation à un côtes-du-rhône-villages, âgé de trois ans. Il faudra ici repérer les deux composantes de l'assemblage dans lequel domine la syrah, et apprendre à reconnaître, dans le style général du vin, les caractéristiques de la vallée du Rhône. Les côtes-du-rhône sont souvent généreux en alcool : il faudra donc maîtriser cette puissance en vérifiant soigneusement la température de service et en sélectionnant un verre suffisamment volumineux, mais à l'ouverture limitée, pour que la générosité du côtes-du-rhône ne perturbe pas la perception des arômes.

CÉPAGES CABERNET FRANC, CABERNET-SAUVIGNON AOC CHINON

Il règne dans la région de Chinon une atmosphère de convivialité et de franc plaisir qui n'est jamais sans me rappeler Rabelais. C'est que le Val de Loire est l'un des berceaux de la viticulture française et qu'à Chinon s'élaborent des vins d'assemblage très originaux. L'alliance, ici, entre cabernets (franc et sauvignon) est même emblématique de la région.
Le chinon est un vin souvent goûté au restaurant, où l'on apprécie sa fraîcheur et sa légèreté, mais on ignore trop souvent qu'il peut vieillir avec beaucoup de grâce. C'est cette aptitude au vieillissement que j'aimerais faire découvrir ici, en présentant un chinon qu'on aura choisi, de préférence, provenant des coteaux argilo-siliceux de l'appellation. À cet effet, je vous conseille quelques domaines susceptibles de proposer un chinon de ce style, et on se reportera utilement à cette liste pour acquérir un vin âgé de sept ou huit ans, voire d'une dizaine d'années. La seule précaution concernera alors le millésime : il faut s'assurer que l'année a été suffisamment ensoleillée pour permettre au vin de se garder sans dommage. La région Loire craint davantage le manque de soleil que la surmaturité : même l'été caniculaire de 2003 n'a provoqué, dans cette région, aucune surmaturité gênante.
On peut aussi, si on souhaite aller plus loin, organiser une dégustation en choisissant, chez un même producteur, deux ou trois chinons d'âge différent. Le prix accessible de ces bouteilles facilite ce genre d'exercice, qui permettra de reconnaître à la fois la typicité du chinon et l'éventuelle aptitude au vieillissement en fonction du millésime.

CÉPAGES TEMPRANILLO, MERLOT, CABERNET-SAUVIGNON RIBERA DEL DUERO *Espagne*

Si les vins de la Rioja ont fait la réputation du vignoble espagnol, j'encourage les amateurs à partir à la découverte du ribera del duero, un autre grand de la viticulture ibérique. Cela donnera aussi l'occasion d'évoquer un cépage peu connu, le tempranillo, et de se familiariser avec lui. En effet, si pendant longtemps le tempranillo n'a pas quitté ses régions d'origine, en Espagne ou dans le Portugal voisin, il commence aujourd'hui à gagner du terrain, et je le considère comme un cépage d'avenir.

Produit en Castille, dans la région de Valladolid, le ribera del duero doit être considéré comme l'un des grands vins d'Espagne. Cette appellation historique et déjà ancienne doit en partie sa renommée à l'installation, dans la région, de vignerons bordelais chassés par la crise du phylloxéra à la fin du XIXe siècle.

Il est toujours délicat d'indiquer avec précision le type de vin sélectionné pour la dégustation, surtout lorsque, et c'est le cas ici, plusieurs genres de produits cohabitent au sein d'une même appellation. On essaiera donc de goûter pour cet exercice un ribera del duero vinifié selon une méthode contemporaine plutôt que traditionnelle, et âgé de cinq ans environ.

Au-delà de la reconnaissance pure et simple du cépage tempranillo, le ribera del duero peut aussi être dégusté par comparaison avec un vin médocain, afin de bien faire la différence entre deux styles d'assemblage.

REPÈRES

TEMPÉRATURE DE DÉGUSTATION

17-18 °C

LES BONS ACCORDS

Canard laqué à la pékinoise
Côte de bœuf grillée
Gigot rôti à l'ail
Fromages : tomme de brebis, tomme des Pyrénées
Fraises au vin

PRIX

€€€ à €€€€

LA SÉLECTION

Condado de Haza Alejandro Fernández
Pesquera Alejandro Fernández
Bodegas y Viñedos Alión
Bodegas Valsardo de Peñafiel
Hacienda Monasterio

L'APPELLATION RIBERA DEL DUERO

L'appellation tire son nom du fleuve Duero, qui devient Douro en franchissant la frontière portugaise. Le vignoble, longtemps éclipsé par la réputation des rioja, a connu au cours des vingt dernières années une évolution spectaculaire, surtout grâce au travail du domaine Vega Sicilia, fondé au XIXe siècle, et qui produit un vin à juste titre très renommé.

Installé en moyenne altitude, entre 600 et 850 mètres, le vignoble de ribera del duero bénéficie d'un climat qui connaît une forte amplitude thermique ; ces nuits fraîches conviennent remarquablement au tempranillo, qui couvre dans cette région les quatre cinquièmes des terres, sur des sols calcaires assez pauvres.

Selon le type de vinification choisi, le ribera del duero prend des aspects divers, que l'on peut regrouper en deux types principaux. Le premier rassemble des vins fidèles à la tradition espagnole qui portent le nom de reserva. Ces vins sont élevés dans des fûts de chêne américain ou français : pour obtenir de grands vins, il était naguère traditionnel de les élever dans du fût américain pendant un temps assez long. Leur robe claire témoignait du dépouillement de la couleur ainsi obtenu. Aujourd'hui, la tendance va plutôt au chêne français, et la couleur des vins est un peu plus dense. Mais les reserva conservent une teinte plus claire que les vins du second type, dits crianza, qui ne passent qu'un an en fût : ceux-ci ont une concentration plus importante, et une pigmentation colorante soutenue.

Quelle que soit la vinification, l'assemblage est aujourd'hui élaboré dans le sens d'une plus grande complexité, sans recourir à un boisage plus marqué.

LE CÉPAGE TEMPRANILLO

Ce cépage rouge à pulpe blanche tire son nom de l'espagnol *temprano*, qui signifie précoce : sa caractéristique en effet est de mûrir très tôt. Il contient naturellement peu d'acidité et supporte parfaitement l'élevage en fût. Il affectionne les sols calcaires, de préférence dans des zones un peu fraîches qui lui permettent de conserver un minimum d'acidité. Il fournit des vins assez concentrés à condition que les rendements aient été raisonnablement maîtrisés. Ce cépage, qui trouve sa complexité sur des terroirs frais, gagne à être utilisé en assemblage : l'association avec d'autres lui donne alors une nouvelle dimension.

Deux régions espagnoles, la Rioja et la Castille y León, qui produisent des vins d'appellation contrôlée, lui ont réservé une place de choix, mais presque tous les vins ibériques l'utilisent comme cépage de base. Il est aussi planté dans la province de l'Alentejo au Portugal et en Argentine ; on le trouve en petite quantité en France – en Languedoc –, en Sicile, au Maroc, très peu dans le Haut-Adige au nord de l'Italie, en Afrique du Sud, en Australie, en Californie et au Mexique.

LA DÉGUSTATION •••

L'ŒIL

La couleur est de densité moyenne si le vin a été vinifié selon la tendance actuelle. Le disque est brillant, les larmes sont abondantes, parfois légèrement colorées. La viscosité est importante.

LE NEZ

Expressif et complexe, le nez exhale une palette aromatique fruitée classique. L'arôme distinct de la fraise doit guider le dégustateur vers la reconnaissance du tempranillo ; à ce premier parfum s'ajoutent la mûre de ronce, la prune, la cerise, la framboise, dans un ensemble qui évoque les fruits mixés. Selon que le deuxième cépage de l'assemblage est majoritairement du cabernet-sauvignon ou du merlot, on distingue ensuite le cassis (pour le cabernet) ou la prune (pour le merlot). Mais c'est une impression d'exubérance et de complexité qui domine.

Aux alentours de l'âge de cinq ans, commence un premier stade de l'évolution du vin, et il arrive que la prune initiale s'approche du pruneau, tandis qu'un parfum de figue mûre vient s'ajouter aux précédents. Les touches de café, de cacao ou de vanille, plus ou moins perceptibles, sont dues à l'élevage.

Lorsque le ribera del duero a été vinifié de manière plus traditionnelle, le fruité disparaît partiellement au profit d'un côté épicé accentué par le temps passé en fût : on reconnaît dans ce cas la cannelle et la girofle, et les arômes fruités évoquent plutôt le fruit macéré.

LA BOUCHE

Au palais, le vin évoque irrésistiblement le soleil : en effet, rondeur et ampleur caractérisent la bouche. Les tannins enrobés sont tout de suite perceptibles. Si le pourcentage de tempranillo est un peu exagéré, le vin manque d'acidité en finale. C'est pourquoi l'assemblage gagne à comporter assez de cabernet-sauvignon, qui apporte de la fraîcheur, tandis que de son côté le merlot confère au vin une texture veloutée.

Longueur : 6-7 caudalies.

CÉPAGES SYRAH, CABERNET-SAUVIGNON BAROSSA VALLEY *Australie*

Syrah et cabernet-sauvignon : voici une alliance de cépages assez peu courante, et souvent difficile à reconnaître. Elle fut pourtant, pendant longtemps, l'un des classiques de la viticulture, puisqu'on avait l'habitude, au XIXe siècle, d'« hermitager » les grands bordeaux en introduisant dans l'assemblage un peu de vin de syrah venu de la vallée du Rhône. Quelques vignes du Bordelais étaient même plantées en syrah à cet effet, et cette tradition existe encore de temps à autre dans le Sud-Ouest, comme dans l'appellation côtes-du-marmandais, à la limite de la Gironde.
En Australie au contraire, on trouve fréquemment des vins élaborés à partir de syrah et de cabernet. Pour savoir lequel des deux cépages est majoritaire dans l'assemblage, il faut déchiffrer l'étiquette : on trouve généralement le cépage le plus important indiqué en premier. Cette leçon porte donc sur un vin australien de la vallée de Barossa élaboré essentiellement à partir de syrah, et âgé d'environ cinq ans, dans lequel il s'agira de repérer la présence plus ou moins marquée de cabernet-sauvignon. L'exercice est délicat, et l'idéal pour y parvenir serait de goûter un vin issu de syrah à 60 % et à 40 % de cabernet-sauvignon. Pour se faciliter la tâche, l'apprenti dégustateur peut aussi procéder par comparaison, par exemple en apprenant à reconnaître parallèlement un rouge australien issu de pure syrah.

LES VINS ROUGES ÉVOLUÉS

Tous les vins rouges, loin s'en faut, n'ont pas vocation à vieillir. Une partie seulement d'entre eux se révèlent être des « rouges de garde » capables d'acquérir avec les années une complexité et une élégance qui, dans le vin jeune, se trouvaient en devenir. Encore faut-il pour cela que le vin ait été conservé dans de bonnes conditions et qu'il soit dégusté de manière à faire apprécier ces qualités acquises au fil du temps.

Pour qui rêve de posséder dans sa cave de vieux vins rouges, la première difficulté se situe au moment de l'achat : j'ai déjà expliqué, au cours du chapitre précédent, comment reconnaître dans un vin encore jeune cette aptitude à vieillir. Mais la conservation d'un produit pendant dix ans ou plus se révèle plus ou moins périlleuse, puisqu'elle repose sur la qualité de la cave, du flaconnage et du bouchon. Quant à ceux qui préfèrent acquérir un vin déjà âgé, ils doivent s'assurer des conditions dans lesquelles le vin a été conservé jusque-là. Et si l'on ne connaît pas toujours le lieu où a été entreposée la bouteille, on peut au moins prêter attention à la taille du conditionnement. En effet, plus la contenance du flacon est réduite, plus le vin court le risque de mal évoluer. Il faut donc proscrire l'achat de demi-bouteilles pour les vins de garde, et privilégier le magnum plutôt que la bouteille, quand c'est possible.

Enfin, la dégustation de vins évolués est un plaisir difficile d'accès. Je pense en effet que le dégustateur doit avoir acquis une certaine maturité personnelle pour pouvoir apprécier un vin évolué à sa juste mesure. À chacun donc de développer son goût pour les vins jeunes puis de cheminer à son rythme vers l'appréciation des vins âgés, indissociable de l'expérience.

CÉPAGE PINOT NOIR AOC VOSNE-ROMANÉE

premier cru

La dégustation d'un irancy jeune a marqué une première étape à la découverte du pinot noir. Je reviens ici vers ce grand cépage à l'occasion de la dégustation d'un vin âgé d'une dizaine, voire d'une quinzaine d'années, dans une appellation de premier ordre. Il est question, cette fois, de percevoir la complexité qu'apportent le temps et le terroir dans un monocépage.

J'ai choisi, pour cette leçon, un vosne-romanée premier cru. Il faut se souvenir que la mention « premier cru », qui figure toujours sur l'étiquette en Bourgogne, détermine la provenance et constitue un niveau de qualité. L'âge idéal, pour ce vin, se situe entre sept et quinze ans ; pour un grand cru dans la même appellation, la fourchette serait plutôt entre dix et vingt ans, en fonction bien sûr du millésime, car, en Bourgogne comme ailleurs, le climat a ses caprices. Un « bon » millésime correspond donc à une année de belle maturité, mais sans chaleur excessive : on se rappelle en effet que le pinot noir déteste les effets des températures trop élevées.

Pour déguster un tel vin, je conseille de « le laisser respirer » dans un verre de grande ampleur. Attention pourtant à ne pas le carafer ou alors au dernier moment : à cet âge, les grands bourgognes sont délicats et n'aiment guère les manipulations.

CÉPAGES MERLOT, CABERNET FRANC AOC POMEROL

Cette deuxième leçon consacrée au pomerol (voir p. 196) est destinée à mettre en évidence le potentiel d'évolution de ce vin. Majoritairement issu de merlot, le pomerol, on le sait, peut être apprécié dès sa jeunesse, mais donne sa pleine mesure au bout d'une dizaine, voire d'une quinzaine d'années. On choisira donc ici un pomerol de douze ans environ dans un millésime favorable. Je conseille de le carafer pendant environ une heure, et de ne pas hésiter à remettre le bouchon sur la carafe afin de profiter de l'évolution aromatique. Si le vin est servi au cours d'un repas, il faut le mettre en valeur en le faisant précéder d'un jeune vin issu de merlot comme un saint-émilion.

REPÈRES

LE VIEILLISSEMENT DU POMEROL

Situé au nord de Libourne, le vignoble couvre 800 hectares plantés en majeure partie de merlot – jusqu'à 95 % à Pétrus. Le complément est du cabernet franc, aussi appelé ici bouchet.

Le terroir est composé de graves à l'est et de sables apportés par la rivière l'Isle à l'ouest. Sur le plateau, le sous-sol contient des oxydes de fer, ce qui confère aux vins leur nez typé de truffe.

Le pomerol est un vin aux plaisirs multiples que l'on peut apprécier à plusieurs niveaux de maturité. Comme on l'a vu dans le premier chapitre consacré au pomerol jeune (voir p. 196), le fruité délicat de prune et de cassis se combine avec bonheur à la touche florale de violette. Dans un pomerol évolué, comme souvent dans les vins d'un certain âge, se développent des parfums dus à la phase de réduction en bouteille. Cette période où le vin vit dans un milieu quasiment anaérobie est propice à la mise en valeur de notes dites tertiaires. Les plus fréquentes sont le sous-bois, l'humus, les champignons, dont la truffe, souvent présente dans les vieux pomerol.

À ce stade d'évolution, la notion minérale, pour les terroirs les plus expressifs, est aussi un élément fondamental. C'est en effet un juste retour des choses où le vin exprime sa terre originelle dans sa diversité géologique.

TEMPÉRATURE DE DÉGUSTATION

18 °C

LES BONS ACCORDS

Pièce de bœuf rôtie, sauce Périgueux
Gibier à plumes au jus
Tourte aux truffes
Pintade au foie gras

PRIX

€€€€€

LA SÉLECTION

Château La Conseillante
Lafleur
Château Petit Village
Château Trotanoy
Vieux Château Certan

LA DÉGUSTATION •••

L'ŒIL

La robe, qui varie d'un vin à un autre, est généralement dense et profonde, d'un beau rouge grenat doté de reflets havane. Le vin est brillant et lumineux malgré la densité de la robe.
Les larmes sont généreuses et régulières. Le disque est brillant, la viscosité assez marquée.

LE NEZ

Complexe et intense, le nez séduit par ses nuances et son élégance. La complexité de l'ensemble s'exprime de mille manières : parfums de fruits, notes confites, épices, touches torréfiées et grillées… Chaque cépage de l'assemblage apporte sa part personnelle : on découvre ainsi des parfums de cassis dus au cabernet-sauvignon, de prune et de pruneau apportés par le merlot, tandis que la figue est présente grâce aux deux cépages. Le vin, à douze ou quinze ans, se pare d'une pointe de violette (donnée par le merlot) et d'une touche réglissée (due au cabernet), tandis que l'élevage laisse ses marques sous la forme d'arômes de cannelle, de santal et de clou de girofle. Si le vin a vieilli dans de bonnes conditions, on y trouve aussi une senteur de truffe caractéristique du merlot, et des arômes de sous-bois très élégants. Les deux cépages combinés apportent, avec le temps, des touches de tabac, de havane en particulier, et des effluves de fruits secs (amandes et noisettes) et de café grillés. Il arrive aussi de découvrir quelques notes évocatrices de gibier.
L'essentiel, dans cette dégustation, consiste à rester attentif à cette complexité.

LA BOUCHE

L'attaque est franche, souvent soyeuse, avec un côté très velouté apporté par des tannins bien mûrs, fondants et enrobés. On éprouve une sensation très précise de douceur caressante. Les impressions gustatives font la part belle aux fruits à noyau et aux épices, tandis que le cabernet apporte, en finale, une touche fraîche, légèrement mentholée, qui donne au vin une dimensions aérienne. L'équilibre est parfait, fondé sur la finesse et l'élégance. La première impression, qui laisse à penser que le corps est assez modeste, est revue à mesure que se déroule la dégustation. Le vin gagne en volume et fait preuve d'une très jolie longueur (8 à 9 caudalies).

CÉPAGES GRENACHE, SYRAH AOC CHÂTEAUNEUF-DU-PAPE

J'ai dit mon attachement au cépage grenache et aux appellations de la vallée du Rhône. Si je reprends ici l'appellation châteauneuf-du-pape, déjà évoquée à propos des vins blancs, c'est parce que les rouges, dans lequel le grenache est majoritaire, fournissent une occasion idéale à qui veut apprécier la capacité d'évolution de ce cépage.
Pour percevoir la variété d'arômes apparus avec l'âge, je conseille un châteauneuf-du-pape d'une vingtaine d'années. Peu d'amateurs bien sûr ont la chance de posséder de tels vins dans leur cave, mais il arrive qu'on en trouve dans des ventes.
On peut légitimement se demander, à ce stade, si le vin est encore capable de vieillir. La notion de « tenue » du vin, qui n'a pas encore été évoquée, entre ici en jeu. Encore faut-il connaître les éléments à prendre en compte pour pouvoir en juger. Trois facteurs doivent être considérés : d'abord, la couleur ne doit pas être trop dégradée – attention aux vins très pâles ! –, ensuite, le nez ne doit pas être démesurément oxydatif ; et enfin, la « bulle » au palais que j'évoque plus loin dans l'analyse de la dégustation ne doit pas s'effondrer.
La dégustation d'un vieux châteauneuf exige quelques précautions. Au bout de vingt ans, il est normal de constater la présence d'un dépôt au fond de la bouteille. Ce dépôt constitue presque à coup sûr un gage de qualité ; son absence laisse au contraire imaginer que le vin a été filtré de manière excessive et risque donc d'être « passé ». Cependant, il n'est pas toujours facile d'écarter ce dépôt, qui ne doit pas se retrouver dans le verre. La décantation, ici, paraît nécessaire, mais elle ne doit durer que quelques minutes : je ne saurais trop insister sur le pouvoir d'oxydation des vieux grenaches !

CÉPAGES SYRAH, VIOGNIER AOC CÔTE-RÔTIE

Chaque année, ou presque, je me rends comme en pèlerinage dans le vignoble unique de la côte-rôtie, en bordure du Rhône au sud de Lyon. J'aime m'y trouver au printemps pour y découvrir le dernier millésime, et je profite de l'occasion pour me livrer à des dégustations « verticales » toujours très enrichissantes. Car la dégustation d'un côte-rôtie s'apparente à un moment de pur plaisir.

L'originalité de ces vins tient en partie à leur composition, basée sur des moûts de cépage rouge, la syrah, auxquels s'ajoute un petit pourcentage de blanc : le viognier. Idéalement, il faudrait pouvoir déguster un côte-rôtie de vingt ou vingt-cinq ans d'âge, et dont l'assemblage compte environ 5 % de viognier. C'est dans ces conditions, à mon sens, que les vertus de cette magnifique appellation se découvrent le mieux. Mieux vaut, auparavant, décanter le vin, qui supporte bien l'oxygénation : une heure de carafe lui convient parfaitement. Comme souvent avec les vins évolués, je recommande de commencer la dégustation avec le vin seul, car son équilibre se suffit à lui-même et n'exige aucun accompagnement. Il convient ensuite de profiter de la bouteille autour d'un repas – cependant la présence d'un plat ne doit pas perturber l'appréciation de ce côte-rôtie.

REPÈRES

L'APPELLATION CÔTE-RÔTIE

Le vignoble de côte-rôtie ne couvre qu'une petite centaine d'hectares, sur un terroir exposé sud-sud-est dont les pentes raides sont soutenues par d'innombrables murets. Les différentes facettes de cette zone ont permis de distinguer, en côte-rôtie, deux types de vins, traditionnellement classés en « côte brune » et « côte blonde ».

Cette différenciation s'appuie sur de réelles différences de sols ; si la structure géologique profonde, le granit, est identique dans toute l'appellation, les sols de la côte blonde comportent de la craie et des marnes, tandis que ceux de la côte brune comptent une proportion relativement importante d'oxyde de fer, qui leur donne leur coloration plus sombre. Bien entendu, les vins diffèrent selon qu'ils sont élaborés sur l'un ou l'autre terroir. Ceux de la côte brune sont généralement tendus et denses, minéraux et un peu stricts ; leurs tannins marqués gagnent en vigueur avec le temps. Ceux de la côte blonde ont un côté gourmand, rond et caressant souvent dû à leur pourcentage plus important de viognier, car c'est sur cette partie de l'appellation que croît le cépage blanc ; lorsqu'ils vieillissent, ils gagnent en élégance, en finesse et en complexité.

Jouant avec la diversité proposée par les deux côtes, la plupart des vignerons qui en ont la possibilité assemblent les moûts de provenances différentes. Certains assemblages davantage tournés vers la côte blonde totalisent près de 20 % de viognier. Le vin que je décris dans la dégustation qui suit est un assemblage des deux côtes, avec environ 5 % de viognier.

TEMPÉRATURE DE DÉGUSTATION

18 °C

LES BONS ACCORDS

Brouillade de truffes
Chausson au foie gras et à la truffe
Foie gras poêlé aux airelles
Foie de veau poêlé aux cassis
Chevreuil rôti
Fromage : saint-marcellin, pain aux olives

PRIX

€€€€€ à €€€€€€

LA SÉLECTION

Domaine Jean-Michel Gérin
Château d'Ampuis Guigal
Domaine Clusel-Roch
Domaine Jamet
Domaine Jasmin

LA DÉGUSTATION •••

L'ŒIL

Le vin est de couleur grenat, avec des reflets bruns, légèrement acajou. La robe montre beaucoup de brillance et conserve une profondeur typique de la syrah, sans toutefois le côté « encre » caractéristique du cépage dans sa jeunesse. La densité reste importante. La viscosité est marquée, les larmes sont assez abondantes, parfois encore légèrement colorées.

LE NEZ

Dense et complexe, le nez surprend par la fraîcheur aromatique dont il fait preuve en dépit de l'âge du vin. Bien sûr, la générosité de l'alcool est au rendez-vous, mais les notes minérales sont bien conservées et perceptibles dès le départ. Le fruit, lui aussi, est encore identifiable sous la forme de liqueur de mûre de ronce et de framboise. Le côté floral, dans lequel on reconnaît la violette, demeure également étonnamment présent.
Deux autres éléments se maintiennent malgré l'âge : l'olive noire, caractéristique des vins vieux en côte-rôtie, et la réglisse.
Les notes typiquement liées à l'âge rappellent celles d'autres appellations : cuir, gibier, truffe, sous-bois... S'y ajoutent de classiques touches de torréfaction, nettement chocolatées pour les vins de plus de vingt ans, et des notes d'épices fines : l'arôme de poivre blanc en particulier donne au nez un côté très aérien.

LA BOUCHE

L'attaque est franche, gourmande, fondée sur la rondeur, mais marquée surtout par un équilibre tout de suite remarquable. La « bulle » au palais paraît ovale plutôt que sphérique : le corps se maintient et descend tout doucement, l'ensemble fait preuve de beaucoup de délicatesse.
L'expression gustative s'appuie sur tous les éléments de l'ensemble : tannins, minéralité, fraîcheur et épices. La finale, incroyablement longue, surprend elle aussi par son équilibre.
Longueur : environ 10 caudalies.

CÉPAGE NEBBIOLO DOCG BAROLO *Italie*

On ignore trop souvent la capacité de vieillissement de certains vins italiens, dont le barolo fait incontestablement partie. Cette leçon est destinée à en faire la démonstration, tout en présentant un cépage typiquement italien, le nebbiolo. Pour l'exercice, j'ai choisi un barolo reserva âgé d'une dizaine d'années, mais il est fort possible, dans certains millésimes, d'apprécier ces vins à l'âge de vingt ans, voire plus.
La difficulté de cette leçon vient sûrement du cépage lui-même, souvent difficile à appréhender. Je crois qu'il faut apprendre à découvrir le nebbiolo par étapes, par exemple en le comparant avec d'autres cépages comme le pinot noir, le cabernet-sauvignon ou le grenache, afin de bien faire la différence. J'ai coutume de dire que le nebbiolo « rayonne » au fil du temps qui passe, bien qu'il puisse paraître sur la réserve au cours des premières années de la vie du vin. Il est doté, de toute façon, d'une personnalité unique et intéressante. Pour en profiter pleinement, je conseille de le carafer sans excès, pendant environ une demi-heure. Le déguster sans accompagnement paraît difficile, car il s'agit d'un vin de repas. Si l'on veut compliquer un peu la dégustation, je suggère de comparer deux barolo d'âges différents : on découvrira sans doute un vin jeune plaisant, mais sur la réserve, et un très grand vin évolué.

REPÈRES

TEMPÉRATURE DE DÉGUSTATION

18 °C

LES BONS ACCORDS

Navarin d'agneau
Daube de bœuf à la piémontaise
Viandes mijotées en sauce (les sauces absorbent et nourrissent les tannins du vin et calment les ardeurs de l'acidité)
Pièce de veau rôtie aux herbes et au miel

PRIX

€€€€ à €€€€€

LA SÉLECTION

Ceretto
Aldo Conterno
La Spinetta
Roberto Voerzi
Pio Cesare

L'APPELLATION BAROLO

Appellation vedette du nord de l'Italie, le barolo bénéficie d'une classification en « DOCG » – dénomination d'origine contrôlée et garantie – qui assure l'emploi de 100 % de nebbiolo dans l'élaboration du vin. Historiquement, il s'agit de l'une des plus anciennes appellations de la Péninsule puisqu'elle a fait l'objet d'un classement dès les années 1960, avant d'être définitivement reconnue DOCG à partir de 1980.
Les barolo sont élaborés dans la région d'Alba (Piémont), célèbre pour son vin et ses truffes. La zone offre aux plants de nebbiolo le climat rigoureux et ensoleillé qu'ils affectionnent, et les saisons contrastées qui favorisent sa culture. La vigne, installée entre 150 et 300 mètres d'altitude sur des coteaux argilo-calcaires, est maintenue dans des rendements raisonnables – précaution indispensable avec le nebbiolo – et la concentration reste maîtrisée.

LE CÉPAGE NEBBIOLO

Typiquement italien, le cépage tire son nom du mot *nebbia*, le brouillard, fréquent à l'automne sur les contreforts du Piémont où croît traditionnellement le nebbiolo. La vigne, implantée dans cette région depuis longtemps, fait l'objet d'une protection légale depuis le Moyen Âge : au XIIIe siècle, quiconque coupait un pied de nebbiolo risquait de se faire couper la main.
Le nebbiolo aime les climats continentaux qui lui confèrent de la finesse et de l'élégance. Il affectionne le nord de la Péninsule, et en particulier le Val d'Aoste, en Lombardie. Ailleurs, on trouve du nebbiolo en Autriche et en Suisse, ainsi que dans le Nouveau Monde, en Argentine, au Mexique, en Californie et en Australie.

LA DÉGUSTATION •••

L'ŒIL

La robe, dense et profonde lorsque le vin est jeune, a tendance à évoluer vers le grenat, à dix ans. Transparente, lumineuse, elle brille de reflets acajou tirant vers la brique. La couleur reste soutenue.
La viscosité marquée dénote un vin généreux (environ 13° d'alcool). Les larmes ne sont pas nécessairement colorées.

LE NEZ

En dépit des vinifications contemporaines, le nez paraît souvent austère au cours des premières années. La complexité se révèle vers l'âge de dix ans, laissant s'exprimer une remarquable palette aromatique. La patience de l'amateur est alors récompensée, car il découvre dans le barolo un univers fascinant, d'une richesse inouïe.
Les fruits – prune, prunelle, mûre – s'expriment en premier, parfois accompagnés de pétales de rose séchés. Ils sont suivis d'arômes de cuir et d'herbes aromatiques : thym, romarin, laurier, bouquet garni varié. La finale est généralement marquée par des notes de goudron et de réglisse, accompagnées de touches truffées très agréables.

LA BOUCHE

Dominée, au début, par une sensation un peu chaleureuse, la bouche est franche et ronde, malgré une astringence légère et une acidité qui lui donnent un peu de rusticité. Le temps intervient pour permettre un équilibre ; l'ensemble conserve sa puissance et sa fraîcheur grâce à l'acidité, qui ne disparaît jamais complètement. Ce rôle est essentiel : si on goûte le vin trop tôt, on risque de passer totalement à côté. En revanche, si on sait l'attendre, on découvre sa générosité et on profite de l'effet des tannins de l'élevage qui apportent une texture plus veloutée que les tannins du raisin. L'ensemble est marqué par la fraîcheur, et il est important que les vignerons ne cherchent pas à trop boiser : un élevage trop marqué fait en effet disparaître les arômes délicats du cépage et bouleversent l'équilibre d'ensemble.
Les sensations gustatives rappellent les arômes perçus au nez ; on y reconnaît la prune et les fruits à noyau, comme la cerise, assortis de réglisse et de touches d'infusion d'herbes.
Longueur : 8-9 caudalies.

CÉPAGE TANNAT *majoritaire* AOC MADIRAN

Le vin et la beauté des sites m'ont attiré dans la région de Madiran, il y a bien longtemps, et j'y ai découvert ce qui est bel et bien une religion locale : la gourmandise. Foie gras, confits de canard et rôtis de bœuf sont en effet accompagnés des vins de la région, souvent assez mal connus, et qui méritent, madiran en tête, qu'on s'y attarde un peu. Le cépage tannat, typique de quelques appellations du sud-ouest de la France, se trouve parfois assemblé, dans les madiran, avec un peu de merlot, de cabernet franc ou de cabernet-sauvignon. Il demeure traditionnellement majoritaire dans la composition finale du vin, quoique le décret n'impose que 40 % de tannat pour l'obtention de l'appellation. Il me semble important de savoir le reconnaître, puisqu'il s'agit de l'un des grands cépages rouges de la région. Pour cela, je conseille de choisir un madiran d'une dizaine d'années. Le mieux, quand on en a la possibilité, est de bien connaître le domaine d'origine et ses habitudes vinicoles, pour s'assurer que le tannat est presque exclusivement employé et que les rendements ont été maîtrisés. Au-delà de 50 hl/ha, le tannat perd en effet de ses qualités spécifiques, et en premier lieu son côté séveux. Si j'ai choisi de faire déguster un madiran évolué, c'est que le tannat jeune se montre assez austère. Le madiran est un vin de repas qu'il faut apprécier accompagné d'un plat charnu, et que je conseille de carafer sans hésiter, pendant un temps suffisamment long, de deux heures pour le moins. Cest en effet nécessaire pour que l'oxygénation assouplisse la fougue des tannins d'un madiran, même âgé. J'attire aussi l'attention des amateurs sur le risque de confusion avec un rouge issu de syrah : à l'aveugle, il est parfois bien délicat d'identifier le cépage tannat. En cas de difficulté, l'une des options consiste à comparer un madiran avec un cornas de la vallée du Rhône, par exemple, dans lequel on retrouvera des nuances identiques et certaines dissemblances. Les vins issus de tannat en Uruguay fournissent eux aussi l'occasion d'une dégustation comparative, puisqu'ils sont généralement plus souples et plus faciles d'accès. Attention cependant à ne pas goûter un vin uruguayen trop âgé, car son potentiel de garde n'est pas du tout le même que celui d'un bon madiran.

CÉPAGES CABERNET-SAUVIGNON, CABERNET FRANC, MERLOT AOC SAINT-JULIEN

J'ai déjà présenté, à travers l'exemple du haut-médoc (voir p. 228) ce qu'il est convenu d'appeler un « assemblage médocain ». Il s'agit donc à présent d'affiner la dégustation des vins du Médoc, en prenant appui sur l'une des « appellations communales », ici un saint-julien. Rappelons que le Médoc en compte six : saint-estèphe, pauillac, margaux, moulis, listrac-médoc et saint-julien. L'amateur averti, déjà bien avancé dans son parcours de dégustation, doit apprendre à les distinguer les unes des autres. Le meilleur exercice possible consistera donc à reconnaître d'abord les caractères spécifiques du saint-julien, puis à procéder à une dégustation comparative dans l'une ou l'autre des appellations communales, choisie bien sûr dans le même millésime. On dit parfois, en simplifiant, que le saint-julien a la finesse des margaux et la densité des pauillac. Ce qui est certain, c'est qu'il s'agit d'un vin raffiné, qui supporte sans problème de vieillir. Je propose donc de s'en tenir, pour une première leçon autour du saint-julien, à un vin de quinze ans qu'on pourra mettre en carafe, mais sans excès, pendant une heure environ.

REPÈRES

L'APPELLATION SAINT-JULIEN

L'aire du saint-julien s'étend, en Médoc, sur environ 800 hectares, constitués de sols graveleux qui contiennent une petite part de glaise. Pour avoir droit à l'Appellation d'origine contrôlée saint-julien, les vins rouges doivent non seulement provenir de la commune de Saint-Julien et de parcelles bien délimitées des communses de Cussac et Saint-Laurent, « à l'exclusion des parcelles de ce territoire situées sur alluvions modernes et sables, sur sous-sols imperméables », mais aussi satisfaire à des conditions de production précises : encépagement en cabernet-sauvignon, cabernet franc, carmenère, merlot noir, petit verdot, côt ou malbec.

Dès le XIIIe siècle, on trouve des traces d'un Saint-Julien de Rintrac, peut-être le nom primitif de Saint-Julien. Mais il a fallu attendre le XVIIe siècle pour que les pionniers, aristocrates urbains et ruraux, découvrent les mérites exceptionnels de ces terroirs.

La structure géologique est pratiquement la même sur l'ensemble de la commune. La proximité plus ou moins grande du fleuve peut entraîner quelques variations climatiques. En effet, la nappe de graves de Saint-Julien-Beychevelle prend la forme d'un grand rectangle de près de 5 kilomètres de longueur sur 3,5 de largeur. La nappe alluviale est particulièrement bien disséquée en croupes de graves garonnaises du quaternaire ancien.

Les vins de l'appellation saint-julien sont reconnaissables à leur bouquet particulièrement harmonieux et suave. Ils allient la finesse de leurs arômes et une solide constitution. Ils ont du corps, une grande richesse de sève et un parfum délicieux autant que délicat.

Quoique restreintes, les surfaces bien exposées offrent de très jolis crus. Les cépages classiques du Bordelais trouvent sur ces terroirs la possibilité de s'exprimer pleinement, en particulier les cabernets qui bénéficient, dans la zone de saint-julien, d'une belle maturité. Les vins de l'appellation offrent un potentiel de garde tout à fait remarquable, grâce à leurs tannins fins et leur belle densité. Vins d'équilibre et d'élégance raffinée, les saint-julien font figure d'aristocrates dans une région où l'exception constitue presque la règle.

TEMPÉRATURE DE DÉGUSTATION

18 °C

LES BONS ACCORDS

Pigeon braisé
Pintade rôtie au jus réduit
Oie ou chapon farcis aux champignons
Fromage : mimolette étuvée

PRIX

€€€€ à €€€€€

LA SÉLECTION

Château Branaire Ducru
Château Léoville Las Cases
Château Léoville Poyferré
Château Talbot
Château du Glana

LA DÉGUSTATION •••

L'ŒIL

La robe est profonde, de couleur grenat, avec des reflets acajou légèrement tuilés. On note une belle capillarité et des larmes abondantes. Le disque est brillant.

LE NEZ

Dense et complexe, il exhale d'abord les parfums du cabernet, puis du merlot ; on reconnaît, dans cet ordre, le cassis, la prune et le noyau de cerise. Dans un deuxième temps, ce sont les épices qui s'expriment : cannelle et clou de girofle (on ne perçoit pas le santal dans un saint-julien, au contraire d'un pomerol, par exemple) sont accompagnés d'un puissant arôme de cèdre et de boîte à tabac. Les notes de torréfaction apparaissent ensuite, sous forme de bois brûlé, de cacao discret, de café torréfié. Les notes tertiaires habituelles de sous-bois sont bien présentes dans le vin à cet âge.
Au-delà de ces arômes aisément discernables, il faut rechercher aussi les notes de la minéralité, témoins des sols de graves où le vignoble est installé, et aussi de touches qui rappellent un peu l'encre et que l'on trouve assez fréquemment dans les saint-julien.

LA BOUCHE

Franche, la bouche laisse percevoir tout de suite l'incroyable finesse des tannins ronds, enrobés, parfaitement équilibrés. Cette caractéristique provient de la situation du terroir de saint-julien, qui permet une maturité plus grande sur les cabernets que dans les aires d'appellation voisines. Ces tannins, assez denses malgré leur élégance, sont issus des deux types de cabernets, mais leur perception pleine de douceur constitue en quelque sorte la signature du saint-julien. On reconnaît, au palais, les fruits mûrs et la torréfaction. La minéralité s'exprime par l'intermédiaire des flaveurs de sous-bois qui combinent l'humus et les touches giboyeuses. Dans cette appellation, c'est l'équilibre qui séduit : les tannins sont fins et soyeux, et rappellent parfois ceux de leurs illustres voisins, margaux ou pauillac par exemple.
Longueur : 7-8 caudalies

LEXIQUE

A

Acidité
Indique vivacité et fraîcheur à condition d'être sans excès.

Acerbe
Excès d'acidité donnant une impression âpre et dure au palais.

Aérer
Opération consistant à verser le vin de sa bouteille d'origine dans une carafe afin d'amplifier et de stimuler le bouquet. Un vin parfaitement oxygéné s'ouvre au nez, ses arômes se développent, le fruité s'exprime et ses tannins s'arrondissent.

Agacer
Provoquer une réaction désagréable au palais.

Aigre
Vin dominé par l'acide acétique.

Agressif
Vin désagréablement acide, tannique et trop riche en alcool.

Aimable
Se dit d'un vin qui offre des caractéristiques gustatives harmonieuses.

Alcooleux
Se dit d'un vin qui présente une teneur en alcool excessive, donnant un sentiment de lourdeur et de chaleur.

Ample
Traduit un volume en bouche. Désigne un vin qui possède du gras et de la rondeur.

Anémique
Se dit d'un vin qui manque de corps et de couleur.

Anguleux
Se dit d'un vin très acide ou très tannique.

Apogée
Point de maturité d'un vin.

Appellation d'origine contrôlée (AOC)
Catégorie de vin issu d'un terroir défini, produit dans des conditions réglementées, contrôlées par l'INAO.

Âpre
Vin trop riche en tannins, épais.

Aromatique
Vin qui livre les arômes du ou des cépages dont il est issu.

Aspérité
Sensation provoquée par des tannins verts et astringents.

Assemblage
Mélange de jus ou de vins de même origine pour obtenir les caractéristiques recherchées. À ne pas confondre avec le coupage.

Assouplir (s')
Perdre de la dureté en vieillissant.

Astringent
Vin qui provoque un resserrement des muqueuses de la bouche. Cela traduit une certaine dureté si cela devient trop désagréable ou de la mâche, lorsque cela reste agréable.

Austère
Vin qui a besoin de vieillir pour assouplir tannins et acidité.

Aveugle (dégustation à l')
Dégustation lors de laquelle on cache tout ou partie des caractéristiques du vin au dégustateur.

B

Botrytisé
Raisin touché par la pourriture noble.

Bouchonné
Vin qui présente un goût de bouchon dû à une bactérie du liège.

Brillant
Vin dont la robe brille, renvoie la lumière.

Brut
Vin effervescent qui contient peu ou pas de liqueur de dosage.

Bulle
Dégagement de gaz carbonique qui monte à la surface du vin.

C

Capiteux
Se dit d'un vin riche en alcool.

Caractère (avoir du)
Vin qui affirme ses qualités.

Caressant
Vin sans tannins agressifs.

Caudalie
Unité de mesure de la persistance aromatique, correspondant à une seconde.

Cépage
Variété de plant de vigne. Il en existe des centaines en France. Celles du genre *Vitis vinifera* sont les plus adaptées.

Chair
Rondeur, plein et gras perçus en bouche.

Chaleureux
Qualifie un vin généreux et puissant.

Chargé
Vin lourd, trop épais.

Charmeur
Vin plaisant, agréable à boire.

Charnu
Vin qui a de la texture, de la souplesse et révèle sa plénitude.

Charpenté
Désigne l'équilibre du vin et des différents composants (fruit, tannins, acide, alcool et sucre éventuellement).

Chatoyant
Vin dont la robe a des reflets étincelants et variés.

Chaud
Vin riche en alcool qui procure une sensation de chaleur en bouche.

Clairet
Vin rouge clair, presque rosé, léger et frais, produit dans le Bordelais et en Bourgogne.

Coloré
Vin dont la robe est intense.

Complexe
Vin aux caractères aromatiques multiples.

Concentré
Vin très aromatique ou dense en bouche.

Corps
Se dit d'un vin qui présente une certaine richesse et plénitude. Son goût envahit la bouche.

Corsé
Vin qui a de la force, du corps, de la générosité et présente un goût marqué.

Coulant
Vin facile à boire, qui coule facilement et ne présente pas d'aspérité au palais.

Coupage
Mélange de vins d'origine différente.

Court
Vin qui laisse une impression fugitive en bouche.

Cream
Xérès issu de l'assemblage d'oloroso sec et de pedro ximénez doux.

D

Décharné
Vin maigre, qui manque de bouquet et de corps.

Décoloré
Vin qui a perdu sa couleur.

Décomposé
Vin qui a perdu son homogénéité.

Défaut
Ensemble des éléments négatifs : oxydation, madérisation...

Défectueux
Vin souffrant de graves défauts.

Degré alcoolique
Taux d'alcool présent dans un vin.

Délicat
Vin fin et harmonieux.

Demi-sec
Désigne soit un vin tranquille contenant entre 4 et 12 g/l de sucre, soit un vin effervescent contenant entre 33 et 50 g/l de sucres résiduels.

Dénaturé
Vin qui ne possède plus ses caractéristiques d'origine.

Dense
Désigne à la fois une robe intense mais également la puissance et la complexité des arômes en bouche.

Dépassé
Vin trop évolué.

Dépôt
Matière solide que l'on trouve au fond ou sur les parois de la bouteille.

Dépouillé
Vin qui a perdu sa couleur, sa chair, sa vigueur.

Désaltérant
Vin à la fraîcheur agréable, qui étanche la soif.

Déséquilibré
Vin dont les composantes ne sont pas en harmonie.

Desséché
Désigne un vin usé, qui manque de corps et de gras, mais également un vin avec une importante acidité volatile.

Développé
Vin qui a atteint son apogée aromatique.

Dilué
Vin qui procure une sensation aqueuse.

Disque
Surface du vin délimitée par les parois du verre.

Distingué
Vin présentant beaucoup de noblesse.

Doré
Vin dont la robe brillante rappelle l'or.

Douceâtre
Traduit le déséquilibre du vin entre une trop faible acidité et un excès de sucre.

Doux
Vin à la saveur sucrée.

Droit
Vin franc et sain.

Dur
Trop de tannins ou d'acidité. Le vin manque de moelleux.

E

Éclat
Vin dont la robe a de la brillance.

Effervescent
Vin qui dégage du gaz carbonique à l'air libre.

Élégant
Vin racé et harmonieux.

Élevage
Période de maturation du vin située entre la vinification et la commercialisation.

Empyreumatique (arôme)
Arôme rappelant l'odeur de torréfaction.

Entier
Se dit d'un vin qui ne présente pas de défauts à la dégustation.

Enveloppé
Se dit d'un vin généreux.

Épais
Vin lourd, sans élégance.

Épicé (arôme)
Arôme rappelant les épices, provenant soit du cépage soit d'un élevage sous bois.

Équilibre
Harmonie d'un vin dans lequel aucun composant ne domine.

Étoffé
Vin plein, rond.

Étriqué
Vin sans élégance, dont les composants ne sont pas complémentaires.

Éventé
Vin altéré par l'air.

Évolué
Se dit d'un vin qui a subi une transformation pendant son vieillissement.

Expressif
Se dit d'un vin qui exprime les caractéristiques de son appellation, de son terroi et/ou de son encépagement.

Extra-brut
Vin effervescent, faiblement dosé, qui comprend entre 0 et 6 g/l de sucres.

Exubérant
Vin puissant au nez et en bouche.

F

Fade
Vin qui manque de personnalité et procure peu de plaisir.

Faible
Vin faible en couleur et en alcool, sans concentration.

Fait
Vin qui a atteint son apogée.

Fané
Vin dont la teinte est passée et dont les arômes sont éteints.

Ferme
Se dit d'un vin riche en tannins et en acidité, pouvant traduire une certaine jeunesse.

Fermé
Vin peu expressif, dans une phase de repli.

Filant
Vin atteint de la maladie de la graisse, dont la consistance rappelle celle de l'huile.

Fin
Vin subtil, délicat, agréable, harmonieux.

Finale
Dernière sensation lors de la dégustation d'un vin en bouche.

Fino
Xérès provenant du cépage palomino et élevé sous voile.

Flatteur
Vin qui procure une fin de bouche plus riche que la première impression.

Flou
Vin trouble.

Fluide
Vin coulant.

Foncé
Vin dont la robe est sombre.

Fondu
Vin dont les composants aromatiques sont homogènes.

Fort
Vin déséquilibré par un excès d'alcool.

Fougueux
Vin qui exprime sa virilité.

Fragile
Vin qui manque d'alcool, d'acidité et de tannins.

Frais
Vin vif, nerveux, procurant une sensation de fraîcheur au palais.

Franc
Se dit d'un vin qui livre ses saveurs, sans détour.

Friand
Vin au goût délicat, fruité et frais.

Froid
Vin trop faible en alcool.

Fruité
Qualifie un vin dont le goût rappelle celui du raisin frais en bouche.

Fugace
Vin dont les arômes se dissipent rapidement, et court en bouche.

Fumé
Arôme de la famille empyreumatique.

Fumet
Arôme de la famille animale que l'on trouve dans les vins rouges évolués.

Garde (vin de)
Vin qui se bonifie avec l'âge.

Gâté
Vin qui a été victime d'une évolution défavorable.

Gazeux
Vin qui contient du gaz carbonique en excès.

Généreux
Vin riche en ce qui concerne tous ses composants (fruit, tannins, acidité, alcool).

Glissant
Vin lisse au grain fin.

Gouleyant
Se dit d'un vin agréable, souple, coulant et qui se boit facilement.

Gras
Se dit d'un vin charnu, onctueux. Il s'agit souvent d'un vin doux.

Grêle
Vin trop léger, maigre.

Grossier
Vin lourd, épais, dur et qui ne procure aucun plaisir.

H

Harmonieux
Vin présentant un bon équilibre des saveurs, des arômes et des couleurs.

Honnête
Vin franc.

Huileux
Vin atteint de la maladie de la graisse qui le rend filant comme de l'huile, et fade.

I

Incisif
Vin mordant.

Intense
Qualifie la robe et les arômes d'un vin, qui procure une sensation de puissance et de concentration.

J

Jambes
Voir « Larmes ».

Jeune
Vin qui exprime encore ses parfums primaires.

L

Larmes
Traces souvent incolores laissées par le vin sur les parois du verre.

Léger
Vin qui manque de couleur, de corps et pas assez vineux. Tout à fait équilibré, il manque de personnalité.

Lies
Matières solides qui se déposent au fond d'un récipient (cuve, fût ou bouteille).

Limpide
Vin dépourvu de matières en suspension.

Liqueur de dosage
Terme champenois désignant la liqueur (vin et sucre) utilisée au moment du bouchage définitif et permettant de rectifier l'équilibre du vin (brut, sec, demi-sec ou doux).

Liqueur de tirage
Liqueur composée de vin, sucre et levures, utilisée dans la méthode champenoise pour provoquer la prise de mousse.

Liquoreux
Vin dont la teneur en sucres résiduels (plus de 40 g/l) est due à une concentration naturelle par passerillage ou par l'action du *Botrytis cinerea*.

Longueur
Persistance aromatique en bouche d'un vin, mesurée en caudalies.

Lourd
Vin affichant un taux d'alcool important.

M

Mâché
Vin fatigué.

Mâche (avoir de la)
Vin consistant, riche en tannins, plein en bouche.

Madérisation
Oxydation d'un vin, se traduisant par une couleur brune et des arômes rappelant ceux du vin produit à Madère.

Maigre
Vin manquant de gras, de chair, d'onctuosité.

Marqué
Vin qui affiche un caractère dominant.

Millésime
Année de récolte des raisins dont le vin est issu.

Moelleux
Se dit d'un vin dont on ne sent ni les tannins ni l'acidité, qui a du gras, du velouté.

Moiré
Vin dont la robe offre des aspects changeants.

Mordant
Vin présentant beaucoup d'acidité.

Mordoré
Vin dont la teinte brun jaune témoigne de l'âge avancé.

Mou
Vin sans consistance, qui manque d'acidité.

Muet
Se dit d'un vin qui ne révèle rien en bouche.

Musclé
Vin vigoureux par son taux d'alcool, mais équilibré.

Muté
Vin dont la fermentation a été interrompue par ajout d'alcool vinique.

N

Nerveux
Vin qui a de la fraîcheur, de la vivacité et une acidité soutenue.

Net
Se dit d'un vin franc, sans mauvais goût.

Nez
Deuxième étape de la dégustation d'un vin qui consiste à analyser les sensations olfactives.

Neutre
Vin sans goût particulier.

Nouveau (vin)
Terme utilisé pour tous les vins à partir de la date où ils ont le droit de sortir légalement des chais et pendant la saison qui suit leur vinification. Dès le 1er août suivant la récolte, ils ne peuvent plus bénéficier de cette mention.

O

Œil
Première étape de la dégustation d'un vin qui consiste à analyser la couleur et la limpidité.

Onctueux
Vin qui a du moelleux.

Opalescent
Vin blanc malade, dont la robe blanchâtre rappelle la couleur de l'opale.

Opaque
Vin sans brillance.

Opulent
Vin riche, rond et généreux.

Ouiller
Ajouter régulièrement du vin de même qualité dans un fût pour compenser l'évaporation.

Ouvrir (s')
Exprimer ses caractères aromatiques.

Oxydé
Vin dont la robe et les arômes ont été altérés par une oxydation.

P

Passé
Vin qui a dépassé son point optimal de consommation.

Passerillage
Séchage naturel des grains de raisins sur paille ou directement sur le pied de vigne, afin d'obtenir une vendange au taux de sucre plus élevé.

Pâteux
Se dit d'un vin épais, qui donne l'impression de coller au palais.

Perles
Petites bulles de gaz carbonique qui se forment dans les vins effervescents.

Persistance aromatique intense
Temps pendant lequel les arômes du vin continuent de s'exprimer après qu'on l'a bu.

Personnalité (avoir de la)
Caractère affirmé, différent des autres vins.

Pierre à fusil
Ce goût très particulier se caractérise par de la fermeté, de l'acidité et la minéralité du silex.

Piquant
Se dit d'un vin avec un arrière-goût un peu vif, à la limite de l'aigreur.

Piqué
Se dit d'un vin qui se caractérise par une odeur et un goût de vinaigre.

Plaisant
Se dit d'un vin agréable aussi bien à l'œil, au nez qu'en bouche.

Plantureux
Vin qui emplit bien la bouche.

Plat
Vin qui manque de saveur et d'acidité.

Plein
Se dit d'un vin équilibré qui présente à la fois de la couleur, de la matière et du corps.

Plombé
Vin blanc dont la robe paraît terne.

Pointu
Vin avec une acidité un peu élevée.

Pourri
Goût transmis au vin par de la pourriture présente sur des raisins n'ayant pas fini de mûrir.

Pourriture noble
Stade d'évolution des raisins atteints par le *Botrytis cinerea*.

Précoce
Qualifie un vin qui évolue rapidement.

Prétentieux
Vin vinifié et élevé comme un cru de grande qualité mais sans en avoir le poteniel.

Primeur (achat en)
Vin acheté avant la mise en bouteille.

Primeur (vin de)
Vin à consommer dès la fin de la vinification. Terme appliqué à certains vins seulement ayant une indication géographique (AOC, VDQS, vins de pays). Les AOC ont le droit de sortir des chais le 3e jeudi de novembre, avec mention du milllésime. À compter du 31 janvier suivant, elles ne peuvent plus bénéficier de ce qualificatif. Les VDQS peuvent sortir des chais le 1er décembre et les vins de pays le 3e jeudi d'octobre, avec la mention « primeur » obligatoire et la date d'élaboration.

Profond
Vin complexe à l'œil et au nez.

Prometteur
Vin dont les potentialités sont grandes.

Propre
Vin limpide, brillant, aux arômes nets et francs.

Puissant
Caractérise un vin généreux, riche, robuste.

Pulpeux
Vin rond et charnu.

R

Racé
Vin de très grande qualité, très bien équilibré.

Raffiné
Vin harmonieux et fin.

Rafraîchissant
Se dit d'un vin fruité, nerveux.

Raide
Se dit d'un vin qui affiche une certaine dureté en bouche, avec force tannins et acidité.

Râpeux
Vins aux tannins rêches et astringents.

Rébarbatif
Vin ingrat, manquant de moelleux et de gras.

Rêche
Vin astringent et rude.

Réservé
Vin peu expressif, à un stade peu avancé de son évolution.

Revêche
Vin dont les tannins ne sont pas mûrs.

Riant
Vin frais et vif, à la robe chatoyante.

Riche
Vin puissant, coloré, profond et généreux en alcool.

Robe
Apparence d'un vin : couleur, intensité, limpidité, éclat.

Robuste
Vin solide, parfois un peu rustique.

Rond
Se dit d'un vin franc, onctueux, souple et corsé.

Rugueux
Vin dont les tannins réagissent avec la salive qui ne remplit pas son rôle de lubrifiant. Conséquence : la langue devient une véritable râpe.

Rustique
Vin dépourvu d'élégance.

S

Savoureux
Vin qui offre des saveurs agréables.

Sec
Vin tranquille dont la douceur n'est pas perceptible et qui contient moins de 4 g/l de sucres résiduels.

Séducteur
Vin ouvert, souple et aromatique.

Séduisant
Vin à la robe chatoyante.

Sélection de grains nobles
Vins *botrytis*és produits dans certaines aires d'appellation.

Sensuel
Vin qui charme par le soyeux de sa texture.

Sévère
Vin dont le fruité n'est pas le caractère dominant.

Sincère
Vin qui correspond parfaitement à son type.

Sirupeux
Vin dont la consistance rappelle celle du sirop.

Sombre
Vin à la robe foncée et opaque.

Somptueux
Vin à l'effet de robe.

Souple
Pour un vin rouge, traduit des tannins souples, une acidité faible. Pour un vin blanc, indique de la rondeur et de la douceur renforcée par une certaine sucrosité.

Soyeux
Vin lisse et souple comme de la soie.

Spiritueux
Se dit d'un vin qui contient beaucoup d'alcool.

Structuré
Vin avec des saveurs denses et équilibrées.

Suave
Se dit d'un vin délicat, à la douceur harmonieuse.

Subtil
Vin tout en nuances.

Sucres résiduels
Sucres non fermentés qui demeurent dans le vin fini.

T

Tannique
Vin qui contient des tannins.

Tannins
Substance polyphénols astringente, provenant du bois de la barrique ou des rafles de raisin, apportant de la structure. Présents dans les vins de garde.

Température de dégustation
Température idéale d'appréciation.

Tendre
Vin souple, rond et moelleux.

Tranquille (vin)
Vin qui ne contient presque pas de gaz carbonique.

Triste
Vin sans éclat, renfermé.

Trompeur
Se dit d'un vin qui livre un goût initial et un goût final et ne tient pas ses promesses entre les deux.

Typé
Vin qui dévoile les caractéristiques particulières de son cépage et/ou de son terroir.

Typicité
Expression particulière due à des facteurs de production singuliers.

U

Usé
Vin qui a perdu toutes ses qualités.

V

Velouté
Se dit d'un vin peu acide, fin et soyeux.

Vendanges tardives
Vendanges pratiquées tard dans la saison afin d'obtenir des raisins surmûris, dont le taux de sucre est élevé.

Verdâtre
Se dit d'un vin blanc jeune dont la robe a des reflets verts.

Verdeur
Acidité excessive due à un manque de maturité des raisins.

Vert
Vin un peu acide, trop jeune ou qui a été élaboré à partir de raisins qui n'étaient pas assez mûrs.

Vieillissement
Évolution d'un vin dans le temps.

Vieux
Qualifie un vin évolué.

Vif
Se dit d'un vin avec une acidité qui stimule le palais mais ne l'agresse pas. Cela peut traduire un manque de maturité.

Vigoureux
Vin puissant, d'un bon titre d'alcool.

Vin de glace
Vin issu de raisins gelés sur souche.

Vin de liqueur
Vin dont la fermentation a été interrompue par ajout d'alcool afin d'augmenter son taux alcoolémique.

Vin de paille
Vin issu du passerillage des grains de raisins sur des claies de paille.

Vin de voile
Vin blanc du Jura élevé sous un voile de levures.

Vin doux naturel
Vin muté en cours de fermentation.

Vin jaune
Vin blanc du Jura élevé sous un voile de levures.

Vineux
Se dit d'un vin riche en alcool qui lui donne une saveur chaude et une odeur marquée.

Vintage
Porto millésimé et vieilli en bouteille.

Violent
Vin agressif par son fort taux d'alcool.

Viril
Vin qui a du corps, de la puissance, de la charpente.

Viscosité
Impression visuelle d'un vin qui a du gras.

Visqueux
Vin atteint de la maladie de la graisse, qui présente une consistance huileuse.

Vivacité
Vin dont le taux d'acidité dépasse celui de la moyenne.

Voilé
Vin manquant de limpidité.

Volume
Caractérise un vin qui remplit la bouche.

Voluptueux
Vin gras, aux tannins mûrs et ronds.

INDEX DES VINS

CÉPAGES

PAYS

CARNET D'ADRESSES

ALSACE GEWURZTRAMINER

Domaine Blanck et Fils
68240 Kientzheim
03 89 78 23 56
info@blanck.com

Cave de Pfaffenheim
68250 Pfaffenheim
03 89 78 08 08
cave@pfaffenheim.com

Domaine Seppi Landmann
68570 Soultzmatt
03 89 47 09 33
contact@seppi-landmann.fr

Domaine Zind Humbrecht
68230 Turckheim
03 89 27 02 05
o.humbrecht@wanadoo.fr

Maison Trimbach
68150 Ribeauvillé
03 89 73 60 30
contact@maison-trimbach.fr

ALSACE MUSCAT SEC

Domaine du Weinbach-Faller
68240 Kaysersberg
03 89 47 13 21
contact@domaineweinbach.com

Domaine du Clos Saint-Landelin
68250 Rouffach
03 89 78 58 00
rene@mure.com

Domaine Marcel Deiss
68750 Bergheim
03 89 73 63 37
marceldeiss@marceldeiss.fr

Maison Hugel
68340 Riquewihr
03 89 47 92 15
info@hugel.com

Domaine Ostertag
67680 Epfig
03 88 85 51 34

ALSACE MUSCAT VENDANGES TARDIVES

Domaine Jean Becker
68340 Zellenberg
03 89 47 90 16
vinsbecker@aol.com

Domaine Haegi Bernard & Daniel
67140 Mittelbergheim
03 88 08 95 80

Bernard Weber
67120 Molsheim
03 88 38 52 67
info@bernard-weber.com

Rolly Gassmann
68590 Rorschwihr
03 89 73 63 28
rollygassmann@wanadoo.fr

ALSACE RIESLING

Domaine du Weinbach-Faller
68240 Kaysersberg
03 89 47 13 21
contact@domaineweinbach.com

Domaine Zind Humbrecht
68230 Turckheim
03 89 27 02 05
o.humbrecht@wanadoo.fr

Maison Trimbach
68150 Ribeauvillé
03 89 73 60 30
contact@maison-trimbach.fr

Maison Hugel
68340 Riquewihr
03 89 47 92 15
info@hugel.com

Domaine Blanck Et Fils
68240 Kientzheim
03 89 78 23 56
info@blanck.com

BANDOL ROSÉ

Château de Pibarnon
83740 La Cadière-d'Azur
04 94 90 12 73
contact@pibarnon.com

Château Pradeaux
83270 Saint-Cyr-sur-Mer
04 94 32 10 21
chateaupradeaux@wanadoo.fr

Château Vannières
83740 La Cadière-d'Azur
04 94 90 08 08
info@chateauvannieres.com

Domaine de Terrebrune
83190 Ollioules
04 94 74 01 30
delille@terrebrune.fr

Domaine Lafran-Veyrolles
83740 La Cadière-d'Azur
04 94 90 13 37
contact@lafran-veyrolles.com

Domaine Tempier
83330 Le Plan-du-Castellet
04 94 98 70 21
info@domainetempier.com

BAROLO ITALIE

Ceretto
12051 Alba
39-0173282582
ceretto@ceretto.com

Aldo Conterno
12065 Monforte d'Alba
39-017378150
www.poderialdoconterno.com

La Spinetta
14054 Castagnole Lanze
39-0141877396
info@la-spinetta.com

Roberto Voerzio
La Mora
39-0173509196

Pio Cesare
12051 Alba
39-0173 440386
piocesare@piocesare.it

BAROSSA VALLEY SYRAH AUSTRALIE

Grant Burge
PO Box 421, Tanunda, South Australia
5352 Australia
61 8 8563 3700
admin@grantburgewines.com.au

Penfolds Barossa Valley Winery
Tanunda Road, Nuriootpa 5355
61 8 85609389
penfolds.bv@cellar-door.com.au

Charles Melton
Krondorf Road, Tanunda, Barossa, South Australia
61 8 8563 3606
cmw@charlesmeltonwines.com.au

Peter Lehmann
Off Para Road Tanunda SA 5352
61 8 8563 2100

BEAUJOLAIS ROUGE

Domaine des Terres Dorées
69380 Charnay
04 78 47 93 45

Domaine du Vissoux
69620 Saint-Vérand
04 74 71 79 42
domaine.vissoux@wanadoofr

Domaine Croix-Charnay
69430 Beaujeu
04 74 69 29 80
domcharnay@vins-du-beaujolais.com

Maison Dubœuf
71570 Romanèche-Thorins
03 85 35 34 20
gduboeuf@duboeuf.com

Domaine des Nugues
69220 Lancié
04 74 04 14 00
earl-gelin@wanadoo.fr

BORDEAUX-CLAIRET

Château Bonnange
33390 Saint-Martin-Lacaussade
06 85 52 48 08
le-boulme-terreblanque@wanadoo.fr

Château Haut Bertinerie
33620 Cubnezais
05 57 68 70 74
contact@chateaubertinerie.com

Château Jonqueyres
33750 Saint-Germain-du-Puch
05 56 68 55 88
info@gamaudy.com

Château Brethous
33360 Camblanes
05 56 20 77 76
cecile.verdier@brethous.com

Château Penin
33420 Génissac
05 57 24 46 98
vignoblescarteyron@wanadoo.fr

BOURGOGNE-HAUTES-CÔTES-DE-NUITS BLANC

Domaine Anne Gros
21700 Vosne-Romanée
03 80 61 07 95
contact@anne-gros.com

Domaine Alain Jeanniard
21220 Morey-Saint-Denis
03 80 58 53 49
domaine.ajeanniard@wanadoo.fr

Domaine Patrick Hudelot
21700 Villars-Fontaine
03 80 61 50 37
commercial@domainepatrick-hudelot.com

Château de Villars Fontaine
21700 Villars-Fontaine
03 80 61 02 31
bernard.hudelot@wanadoo.fr

Domaine Pansiot
21700 Corgoloin
03 80 62 94 32
eric.pansiot@cegetel.net

CHAMPAGNE ROSÉ

Billecart-Salmon
51160 Mareuil-sur- Aÿ
03 26 52 60 22

Duval Leroy
51130 Vertus
03 26 52 10 75
champagne@duval-leroy.com

Moët et Chandon
51333 Épernay Cedex
03 26 51 20 00
moet.com

Pommery
51100 Reims
03 26 61 62 63
contact@pommery.com

Ruinart
51100 Reims
03 26 77 51 51
contact@ruinart.com

CHAMPAGNE

Bollinger
51160 Aÿ
03 26 53 33 66
contact@champagne-bollinger.fr

Gosset
51160 Aÿ
03 26 55 14 18
marketing@champagne-gosset.com

Krug
51100 Reims
03 26 84 44 20
krug@krug.fr

Taittinger
51061 Reims Cedex
03 26 85 45 35
taittinger.com

Philipponnat
51160 Mareuil-sur-Aÿ
03 26 56 93 00
info@champagnephilipponnat.com

CHÂTEAUNEUF-DU-PAPE BLANC

Château Mont-Redon
84230 Châteauneuf-du-Pape
04 90 83 72 75
chateaumontredon@wanadoo.fr

Clos du Mont-Olivet
84230 Châteauneuf-du-Pape
04 90 83 72 46
clos.montolivet@wanadoo.fr

Domaine de Beaurenard
84230 Châteauneuf-du-Pape
04 90 83 71 79
paul.coulon@beaurenard.fr

Domaine de Nalys
84230 Châteauneuf-du-Pape
04 90 83 72 52

Domaine Marchand
84230 Châteauneuf-du-Pape
04 90 83 70 34
jean.marchand4@wanadoo.fr

CHÂTEAUNEUF-DU-PAPE ROUGE

Réserve des Célestins Henri Bonneau
84230 Châteauneuf-du-Pape
04 90 83 73 08
le.balon.rouge@wanadoo.fr

Château de Beaucastel
84350 Courthézon
04 90 70 41 00
contact@beaucastel.com

Clos des Papes
84230 Châteauneuf-du-Pape
04 90 83 70 13
clos-des-papes@clos-des-papes.com

Domaine du Vieux Télégraphe
84370 Bédarrides
04 90 33 00 31
vignobles@brunier.fr

Domaine de La Janasse
84350 Courthézon
04 90 70 86 29
lajanasse@free.fr

CHINON ROUGE

Charles Joguet
37220 Sazilly
02 47 58 55 53
contact@charlesjoguet.com

Château de La Grille
37500 Chinon
02 47 93 01 95
chateaudelagrille@wanadoo.fr

Domaine Bernard Baudry
37500 Cravant-les-Coteaux
02 47 93 15 79
bernard-baudry@chinon.com

Couly Dutheil
37500 Chinon
02 47 97 20 20
couly-dutheil-chinon.com

Domaine Alliet
37500 Cravant-les-Coteaux
02 47 93 17 62
philippe.alliet@wanadoo.fr

CONDRIEU

Domaine Cuilleron
42410 Chavannay

04 74 87 02 37
cave@cuilleron.com

Domaine Vernay
69420 Condrieu
04 74 56 81 81

Domaine Gaillard
42520 Malleval
04 74 87 13 10
vinsp.gaillard@wanadoo.fr

Domaine Perret
42410 Chavannay
04 74 87 24 74
andre.perret@terre-net.fr.

Domaine Villard
42410 Saint-Michel-sur-Rhône
04 74 56 83 60
vinsvillard@aol.com

COTEAUX-DU-LANGUEDOC ROUGE

Clos Marie
34270 Lauret
04 67 59 06 96

Domaine d'Aupilhac
34150 Montpeyroux
04 67 96 61 19
aupilhac@wanadoo.fr

Domaine de L'Aiguelière
34150 Montpeyroux
04 67 96 61 78

Domaine L'Hortus
34270 Valflaunes
04 67 55 31 20
domaine.hortus@wanadoo.fr

Mas Jullien
34725 Jonquières
04 67 96 60 04

CÔTE-RÔTIE

Domaine Jean-Michel Gérin
69420 Ampuis
04 74 56 16 56
gerin.jm@wanadoo.fr

Château d'Ampuis Guigal
69420 Ampuis
04 74 56 10 22
contact@guigal.com

Domaine Clusel Roch
69420 Ampuis
04 74 56 15 95
cluseroc@terre-net.fr

Domaine Jamet
69420 Ampuis
04 74 56 12 57

Domaine Jasmin
69420 Ampuis
04 74 56 16 04

CÔTES-DU-JURA VIN DE PAILLE

Château d'Arlay
39140 Arlay
03 84 85 04 22
chateau@arlay.com

Domaine Badoz
39800 Poligny
03 84 37 11 85
info@badoz.fr

Domaine Rolet Père & Fils
39600 Arbois
03 84 66 00 05
rolet@wanadoo.fr

Domaine Jean Bourdy
39140 Arlay
03 84 85 03 70
cavesjeanbourdy@wanadoo.fr

Domaine Labet
39190 Rotalier
03 84 25 11 13
domainelabet@wanadoo.fr

CÔTES-DU-JURA VIN JAUNE

Domaine de Savagny
39570 Crançot
03 84 87 61 30

Fruitière vinicole de Voiteur
39210 Voiteur
03 84 85 21 29
voiteur@fruitiere-vinicole-voiteur.fr

Domaine Philippe Butin
39210 Lavigny
03 84 25 36 26
ph.butin@wanadoo.fr

Domaine Pierre Richard
39210 Le Vernois
03 84 25 33 27

Domaine du Tourillon
39230 Saint-Lothain
03 84 37 32 86

CÔTES-DU-RHÔNE-VILLAGES ROUGE

Château d'Hugues
84100 Uchaux
04 90 70 06 27
dhugues@terre-net.fr

Domaine Brusset
84290 Cairanne
04 90 70 91 60

Domaine de l'Oratoire Saint-Martin
84290 Cairanne
04 90 30 82 07
falary@wanadoo.fr

Domaine de Gramenon
26770 Montbrison
04 75 53 57 08

Domaine Richaud
84290 Cairanne
04 90 30 85 25
marcel-richaud@wanadoo.fr

GRAVES BLANC

Château Saint-Robert
33210 Preignac
05 56 63 27 66
bastor@bastor-lamontagne.com

Château Respide Medeville
33210 Preignac
05 56 76 28 44
gonet.medeville@wanadoo.fr

Château Langlet
33650 Martillac
05 57 97 71 11
langlet@domaines-kressmann.com

Château de L'Hospital
33640 Portets
05 56 73 17 80
loudenne@lafragette.com

Clos Floridene
33410 Béguey
05 56 62 96 51
reynon@gofornet.com

HAUT-MÉDOC

Château Cantemerle
33460 Macau
05 57 97 02 82
cantemerle@cantemerle.com.

Château de Lamarque
33460 Lamarque
05 56 58 90 03
contact@chateaudelamarque.com

Château La Lagune
33290 Ludon
05 57 8 82 77
lalagune@club-internet.fr

Château Lanessan
33460 Cussac
05 56 58 94 80
info@bouteiller.com

Château Sociando Mallet
33250 Saint-Seurin-de-Cadourne
05 56 73 38 80

IRANCY

Anita et Jean-Pierre Colinot
89290 Irancy
03 86 42 33 25

Domaine Félix
89530 Saint-Bris-le-Vineux
03 86 53 33 87
domaine.felix@wanadoo.fr

Benoît Cantin
89290 Irancy
03 86 42 52 78

EARL Jean-Marc Brocard
89800 Préhy
03 86 41 49 00
info@brocard.fr

Domaine Goisot
89530 Saint-Bris-le-Vineux
03 86 53 35 15
jhetg.goisot@cerb.cernet.fr

JURANÇON MOELLEUX

Clos Uroulat
64360 Monein
05 59 21 46 19
charleshours@wanadoo.fr

Domaine Bru Bache
64360 Monein
05 59 21 36 34
domaine.bru-bache@wanadoo.fr

Domaine de Souch
64110 Laroin
05 59 06 27 22
jr.hegoburu@wanadoo.fr

Domaine Cauhape
64360 Monein
05 59 21 33 02
contact@cauhape.com

Château Jolys
64290 Gan
05 59 21 72 79
chateau.jolys@wanadoo.fr

MÂCON BLANC

Domaine Bonhomme
71260 Viré
03 85 33 11 86

Domaine Guffens-Heynen
71960 Vergisson
03 85 35 84 22

Domaine Valette
71570 Chaintré
03 85 35 62 97

Les Hauts d'Azenay
71260 Azé
04 74 50 90 60

Domaine Thévenet
71260 Clessé
03 85 36 94 03

MADIRAN

Chapelle Lenclos-Moureou
32400 Maumusson
05 62 69 78 11

Château Bouscasse
32400 Maumusson
05 62 69 74 67
brumont.commercial@wanadoo.fr

Château d'Aydie
64330 Aydie
05 59 04 01 17
pierre.laplace@wanadoo.fr

Domaine Berthoumieu
32400 Viella
05 62 69 74 05
barre.didier@wanadoo.fr

Château Laffitte Teston
32400 Maumusson
05 62 69 74 58
chateaulaffitee-teston@32.sideral.fr

MENDOZA MALBEC ARGENTINE

Terrazas de Los Andes
Alzaga 3972, M5528AK, Luján de Cuyo, Mendoza
info@terrazasdelosandes.com

Bodegas Alta vista Audy
54 261 496 46 84
mercedes.casazza@altavistawines.com

Bodega Jacques et François Lurton
Ruta Provincial 33 Km 7.5, Maipú - Mendoza (M5531)
info@bodegalurton.com

Familia Zuccardi
Vista Flores s/n, Tunuyan Mendoza
54 261 44 10000
info@familiazuccardi.com

Clos de Los Siete Monteviejo
Agrelo, Luján de Cuyo, Mendoza, Argentina
54 261 423 42 30833
sas.pvp@wanadoo.fr

MUSCAT-DU-CAP-CORSE

Antoine Arena
20253 Patrimonio
04 95 37 08 27

Clos Nicrosi
20247 Rogliano
04 95 35 41 17
clos.nicrosi@worldonline.fr

Domaine Gentile
20217 Saint-Florent
04 95 37 01 54
domaine.gentille@wanadoo.fr

Domaine San Quilico
20253 Patrimonio
04 95 37 45 00

Domaine Pieretti
20228 Luri
04 95 35 01 03

NAPA VALLEY CABERNET ÉTATS-UNIS

Clos du Val
Napa, CA 94558
7072592225
cdv@closduval.com

Niebaum Coppola
Rutherford, CA 9457
7079681100
www.niebaum-coppola.com

Opus One
Oakville, CA 94562
7079449442
info@opusonewinery.com

Shafer Vineyards
Napa, CA 9455
7079442877
info@shafervineyards.com

Stag's Leap Wine Cellars
Napa CA 94558
7079442020
customerservice@cask23.com

PINEAU-DES-CHARENTES

Patrick Pautier
16200 Bourg Charente
05 45 81 24 89
domaine.pautier@cer16.cernet.fr

Marnier Lapostolle
16200 Bourg-Charente
05 45 36 61 10
www.grandmarnier.com

Tesseron J.-P. et Fils
17770 Migron
05 46 94 91 16
tesseron@wanadoo.fr

Jean Fillioux
16130 Juillac-Le-Coq
05 45 83 04 09
www.le-cognac.com/fillioux

Philippe Rivière
16120 Angeac-Charente
05 45 97 02 66
www.pineauf1.com

POMEROL

Clos du Clocher
33500 Pomerol
05 57 51 62 17
contact@jbaudy.fr

Château La Croix de Gay
33500 Pomerol
05 57 51 19 05

Château L'Église-Clinet
33500 Pomerol
05 57 25 99 00

Château Le Bon Pasteur
33500 Pomerol
05 57 51 10 94
rolland.vignobles@wanadoo.fr

Château Mazeyres
33501 Libourne
05 57 51 00 48
infos@mazeyres.com

Château La Conseillante
33500 Pomerol
05 57 51 15 32
château.la.conseillante@wanadoo.fr

Château Lafleur
33240 Mouillac
05 57 84 44 03

Château Petit Village
33500 Pomerol
05 57 51 21 08

Château Trotanoy
33500 Pomerol
05 57 51 78 96

Vieux Château Certan
33500 Pomerol
05 57 51 17 33
info@vieuxchateaucertan.com

PORTO VINTAGE PORTUGAL

Porto Churchill's
4400-156 Vila Nova De Gaia
351 22 370 3641
office@churchills-port.com

Taylor's
4401 Vila Nova de Gaia Codex
351 22 3719999

Fonseca Guimaraens
4401 Vila Nova de Gaia
351 22 3719999
general@fonseca.pt

Quinta Do Noval
4400-111 Vila Nova De Gaia
351 22 3770270
noval@quintadonoval.pt

Quinta Do Infantado
4150-596 Porto
351 22 610 086
qtainfantado@mail.telepac.pt

Andresen
4401-901 Vila Nova Di Gaia
35 1 22 37 70 450
andresen@jhandresen.com

POUILLY-FUMÉ

Château de Tracy
58150 Tracy-sur-Loire
03 86 26 15 12
tracy@wanadoo.fr.

Didier Dagueneau
58150 Saint-Andelain
03 86 39 15 62
silex@wanadoo.fr

Domaine Redde
58150 Pouilly-sur-Loire
03 86 39 14 72
michel-redde.fr

Domaines des Berthiers Dagueneau
58150 Saint-Andelain
03 86 39 12 85

Maison Guy Saget
58150 Pouilly-sur-Loire
03 86 39 57 75
saget@guy-saget.com

PULIGNY-MONTRACHET PREMIER CRU BLANC

Domaine du Château de Puligny
21190 Puligny-Montrachet
03 80 21 39 14
chateuapul@aol.com

Domaine Leflaive
21190 Puligny-Montrachet
03 80 21 30 13
contact@leflaive.fr

Domaine Louis Carillon
21190 Puligny-Montrachet
03 80 21 30 34

Domaine Sauzet
21190 Puligny-Montrachet
03 80 21 32 10

Maison Louis Jadot
21200 Beaune
03 80 22 10 57
contact@louisjadot.com

RASTEAU RANCIO

Domaine de La Soumade
84110 Rasteau
04 90 46 11 26

Domaine Bressy-Masson
84110 Rasteau
04 90 46 10 45
marie.francoisemasson@terre-net.fr

Cave de Rasteau
84110 Rasteau
04 90 10 90 10
rasteau@rasteau.com

Domaine Wilfried-Cave Émile Charavin-Pouzoulas
84110 Rasteau

04 90 46 10 66
caveau@domainewilfried.com

Domaine des Escaravailles
84110 Roaix
04 90 46 14 20
domaine.escaravailles@wanadoo.fr

RIBERA DEL DUERO ESPAGNE

Condado de Haza Alejandro Fernández
Ctra. Roa-La Horra, s/n, 09300 Roa (Burgos)
34 947 52 52 54
info@condadodehaza.com

Pesquera Alejandro Fernández
Calle Real, 2, 47315 Pesquera de Duero
34 983 87 00 37
lfernandez@pesqueraafernandez.com

Bodegas y Viñedos Alión
Ctra. N-122, km. 312,4,
47300 Padilla de Duero
34 983 88 12 36
alion@bodegasalion.com

Bodegas Valsardo de Peñafiel
Pago de la Fuentecilla S/N, aptdo. 56,
47300 Peñafiel
34 983 87 80 80
valsardo@valsardo.com

Hacienda Monasterio
Crta Pesquera-Valbuena, s/n, 47315
Pesquera del Duero
34 983 48 40 02

RHEINGAU RIESLING ALLEMAGNE

Schloss Johannisberg
65366 Geisenheim-Germany
49-(0)6722-70090
info@schloss-johannisberg.com

Weingut Georg Breuer
65385 Rüdesheim am Rhein
49-(0) 6722-1027
info@georg-breuer.com

Weingut Balthasar Ress
65347 Hattenheim im Rheingau
49 (0) 6723-9195-0
weingut@ress-wine.com

Weingut Dr. Nägler
65385 Rüdesheim am Rhein
49/(0)6722/2835
info@weingut-dr-naegler.de

Weingut Hans Lang
65347 Eltville-Hattenheim
49 67 23 24 75
LangWein@t-online.de

SAINT-JOSEPH ROUGE

Domaine Courbis
07130 Châteaubourg
04 75 40 32 12
domaine-courbis@wanadoo.fr

Domaine Coursodon
07300 Mauves
04 75 08 18 29
pierrecoursodon@wanadoo.fr

Domaine Durand
07130 Châteaubourg
04 75 40 46 78

Domaine Gonon
07300 Mauves
04 75 08 07 95

Domaine Bernard Grippa
07300 Mauves
04 75 08 14 96

SAINT-JULIEN

Château Branaire Ducru
33250 Saint-Julien-Beychevelle
05 56 59 25 86
branaire@branaire.com

Château Léoville Las Cases
33250 Saint-Julien-Beychevelle
05 56 73 23 26
leoville-las-cases@wanadoo.fr

Château Léoville Poyferre
33250 Saint-Julien-Beychevelle
05 56 59 08 30
lp@leoville-pyferre.fr

Château Talbot
33250 Saint-Julien-Beychevelle
05 56 73 21 50
chateau-talbot@chateau-talbot.com

Château du Glana
33250 Saint-Julien-Beychevelle
05 56 59 06 47

SAINT-NICOLAS-DE-BOURGUEIL ROUGE

Yannick Amirault
37140 Bourgueil
02 47 97 78 07
info@yannickamirault.fr

Thierry Boucard
37140 Benais
02 47 97 30 20
e-mail :tboucard@terre-net.fr

Domaine de La Cotelleraie
37140 Saint-Nicolas-de-Bourgueil
02 47 97 75 53
gerardvallee@wanadoo.fr

Domaine Frédéric Mabileau
37140 Saint-Nicolas-de-Bourgueil
02 47 97 79 58
contact@fredericmabileau.com

Domaine Taluau et Foltzenlogel
37140 Saint-Nicolas-de-Bourgueil
02 47 97 78 79
joel.taluau@wanadoo.fr

SANCERRE BLANC

Domaine Alphonse Mellot
18300 Sancerre
33 2 48 54 07 41
alphonse@mellot.com

Domaine Vincent Pinard
18300 Bué
33 2 48 54 33 89

Domaine Henri Bourgeois
18300 Sancerre
33 2 48 78 53 20
domaine@bourgeois-sancerre.com

Domaine Gitton
18300 Ménétréol-sous-Sancerre
33 2 48 54 38 84
info@gitton.fr

Domaine Pascal Cotat
18300 Sancerre
33 2 48 54 14 00

SAUTERNES

Château Raymond-Lafon
33210 Sauternes
05 56 63 21 02
famille.meslier@chateau-raymond-lafon.fr

Château d'Yquem
33210 Sauternes
05 57 98 07 07
info@chateau-yquem.fr

Château Gilette
33210 Preignac
05 56 76 28 44

Château de Fargues
32210 Fargues-de-Langon
05 57 98 04 20
fargues@chateau-de-fargues.com

Château Lafaurie Peyraguey
33210 Bommes
05 57 19 57 77

Château Rieussec
33210 Fargues
05 57 98 14 14

SAVENNIÈRES

Château d'Épire
49170 Savennières
02 41 77 20 59
luc.bizard@wanadoo.fr
Coulée de Serrant
49170 Savennières
02 41 72 22 32
coulee-de-serrant@wanadoo.fr

Domaine du Closel
49170 Savennières
02 41 72 81 00
closel@savennieres-closel.com

Château de Chamboureau
49170 Savennières
02 41 77 20 04

Domaine Ogereau
49750 Saint-Lambert-du-Lattay
02 41 78 30 53

TOKAJI ASZÚ HONGRIE

Château Megyer
H-3950 Sárospatak, Nagy Lajos u.
12 36 4 73 12 310
pajzosmegyer@mail.matav.hu

Oremus
H-3934 Tolcsva, Bajcsy - Zs. u.
45. 36 4 73 84 504
oremus93@mail.matav.hu

Dereszla
H-3916 Bodrogkeresztúr, Felsõ u.
2. 36 4 7 396 004
dereszla@dereszla.com

Disznoko
H-3931 Mez_zombor, Disznók_-d_l_
36 4 7 361 371
disznoko@mail.matav.hu

Szepsy Istvan
H-3915 TARCAL, Fõ u.
92 36 4 7 380 111
kiralyudvar@elender.hu

IGT TOSCANA ROUGE ITALIE

Castello Banfi
53024 Montalcino
(3905) 577840111
www.castellobanfi.it

Castello Di Ama
53010 Lecchi in Chianti
(3905) 7774-6031
info@castellodiama.com

Azienda Agricola Michele Satta
57022 Castagneto Carducci
(3905) 6577-3041
satta@infol.it

Azienda Agricola Serni Fulvio Luigi
Arcanto
57022 Castagneto Carducci
(3905) 6576-3585
info@sernifulvioluigi.it

Cipresseto Antinori
50123 Firenze
(3905) 5235 95
antinori@antinori.it

TOURAINE BLANC

Domaine Marionnet
41230 Soings
02 54 98 70 73
henry@henty-marionnet.com

Domaine Joël Delaunay
41110 Pouillé
02 54 71 45 69
contact@joeldelaunay.com

Paul Buisse
41400 Montrichard
02 54 32 00 01
contact@paul-buisse.com

Pascal et Danielle Gibault
41140 Noyers-sur-Cher
02 54 75 36 52
danielle-de-lansee@wanadoo.fr

Clos Roche Blanche
41110 Mareuil-sur-Cher
02 54 75 17 03

VIN-DE-SAVOIE-CHIGNIN-BERGERON

Domaine André & Michel Quenard
73800 Chignin
04 79 28 12 75
am.quenard@wanadoo.fr

Domaine Raymond Quenard
73800 Chignin
04 79 28 01 46
raymond.quenard@clubinternet.fr

Domaine Louis Magnin
73800 Chignin
04 79 84 12 12
louis.magnin@wanadoo.fr

Domaine Bouvet
73250 Fréterive
04 79 28 54 11
contact@domaine-bouvet.com

Domaine Perrier
73800 Les Marches
04 79 28 11 45
vperrier@vins-perrier.com

VOSNE-ROMANÉE

Domaine des Perdrix
21700 Premeaux-Prissey
03 80 61 26 53

Domaine Guyon
21700 Vosne-Romanée
03 80 61 02 46
Domaine Sirugue
21700 Vosne-Romanée
03 80 61 00 64
sirugue@ifrance.com

Domaine Drouhin
21200 Beaune
03 80 24 68 88
maisondrouhin@drouhin.com

Domaine du Clos Frantin
21200 Beaune
03 80 24 37 37
bourgogne@albert-bichot.com

XÉRÈS FINO ESPAGNE

Gonzalez Byass
Manuel Maria González, 12
11403 Jerez de la Frontera
34 956 35 70 00
nacional@gonzalesbyass.es

Emilio Lustau
Calle Arcos 53,
11402 Jerez de la Frontera
349 56 34 15 97
lustau2@a2000.es

Pedro Domecq
San Idelfonso, 3
11404 Jerez de la Frontera
34 956 15 15 00
jerez@domecq.es

Fino Quinta Osborne
Fernan Caballero, 7
11500 El Puerto de Santa María
34 956 86 90 00
comunicaciones@osborne.es

Antonio Barbadillo
Luis de Eguilaz, 11
11540 Sanlúcar de Barrameda
34 956 36 08 94
barbadillo@barbadillo.com

NOTES DE DÉGUSTATION

DATE

L'ŒIL

VIN

LE NEZ

LA BOUCHE

MILLÉSIME

NOTES DE DÉGUSTATION

DATE

L'ŒIL

VIN

LE NEZ

LA BOUCHE

MILLÉSIME

NOTES DE DÉGUSTATION

DATE

L'ŒIL

VIN

LE NEZ

LA BOUCHE

MILLÉSIME

NOTES DE DÉGUSTATION

DATE

L'ŒIL

VIN

LE NEZ

LA BOUCHE

MILLÉSIME